U0925956

云水僧踪

YUNSHUI SENGZONG

翟风采◎编著

宗教文化出版社

图书在版编目（CIP）数据

云水僧踪 / 翟风采编著. -- 北京 : 宗教文化出版社, 2024. 12. -- ISBN 978-7-5188-1612-5

Ⅰ. B949.91

中国国家版本馆 CIP 数据核字第 2024FD4010 号

云水僧踪

翟风采 编著

出版发行： 宗教文化出版社

地　　址： 北京市西城区后海北沿 44 号（100009）

电　　话： 64095215（发行部）13621175961（编辑部）

责任编辑： 王鸣明

版式设计： 贺　兵

印　　刷： 河北信瑞彩印刷有限公司

版本记录： 880 毫米 ×1230 毫米　32 开　10 印张　150 千字

2024 年 12 月第 1 版　2024 年 12 月第 1 次印刷

书　　号： ISBN 978-7-5188-1612-5

定　　价： 58.00 元

自　序

我为什么要写《云水僧踪》?

如果概括为一句话，那就是来自于文化自信。一个民族的复兴，总是以文化的兴盛为强大支撑；一个时代的进步，总是以文化的繁荣为鲜明标识。中华民族创造了源远流长、博大精深的中华文明，素有文化自信的恢宏气度。

在中国佛教传扬达两千多年的历史长河里，涌现出一批批优秀的僧人，他们为使佛教中国化作出了巨大的努力，对中国文化的发展产生了深厚的影响。

佛教“上报四重恩，下济三途苦”的要求也让无数的僧人为护国利众，作出了杰出的贡献，如玄奘法师，他在印度受到了极高的待遇，却不忘初心，毅然回国，把所学到的知识加以运用，编写出了今天的学者们公认的稀世奇书——《大唐西域记》，并总结了几百年以来的翻译经验，将直译和意译融会贯通，并提出求真与喻俗和五不译的观点，确定了一种前所未有的翻译风格，在佛教史上，开创了一个新的时代。此外，他们爱国爱教，视国家兴亡为己任。清末，国势日衰，虚云老和尚、印光大师、弘一大师、圆瑛法师等高僧大德也都以各种方式带领佛弟子们，为国家抵御外侮贡献着自己的力量，他们立场分明，将生死置之度外，主张“国家存亡，匹夫有责；佛教兴衰，教徒有责”。

……

在历史的长河中，散发着高尚人格光辉的高僧数不胜数，本书共汇集二十位高僧，从佛图澄、道安、鸠摩罗什、慧远、法显、达摩、慧可、真谛、慧思、智者、玄奘到惠能、马祖道一、莲池、憨山、弘一、虚云、印光、圆瑛、具行，时间跨越从魏晋南北朝到民国时期。书中所描述的每一位人物都在佛教史上有着举足轻重的地位，他们应事接物的智慧、远大志向的建立以及面对困难与挫折时的勇气，激励着后来者。

本书以现代人阅读的方式来写这些高僧，用现代的叙述语言展现出来，让更多人感受到高僧伟大的人格魅力。在写作的过程中力求以翔实的史料、通俗易懂又不失优美的语言展示一代又一代高僧的远大志向和格局以及对理想和信念的坚持、对困难的无所畏惧、对万事万物的悲悯和无私……

如果说经典是古人留给我们的言教，那么人物传记就是留给我们的身教，传记体现了前贤的志气、骨气、底气，焕发出更为主动的精神力量。当前，正处在新时代的伟大变革中，文化建设在正本清源、守正创新中取得历史性成就、发生历史性变革，呈现文化兴则国运兴、文化强则民族强的生动图景，笔者认为在这个时候推出这本《云水僧踪》，对于弘扬传统文化、建立文化自信有非常积极的作用。

本书的完成也离不开以下诸多因缘的成就。

母亲吃素念佛，几乎每天都要拜佛一个小时，她有时候会把路上苦行的出家人请到家里来供养饮食等，这些出家人威仪的言行给我留下了深刻的印象。

另外，我很早就认识的浙江丽水的品安法师和厦门闽南佛学院教授戒律的本智法师也给了我很深的影响。他们德行深厚，教我学习佛教大乘经典，鼓励我去思考理解佛教哲学蕴藏着的极深智慧，以及佛教对宇宙人生的洞察、对人类理性的反省和对概念的分析，并时时让我打开心量和格局，去理解佛教自利利他的大慈悲精神。除此之外还有智航法师、月妙法师等诸多当代优秀的法师，都在我的成长中让我感受到了佛法所散发出来的光辉和精神内涵。

本书的出版得到了诚信法师和普法法师的大力支持。他们知识渊博、悲心深重，鼓励和支持后学，给我提出了许多宝贵的建议，特别感谢诚信法师为本书作序。

在这里，还要特别感谢厦门大学的邱仲潘教授为这本书的出版耗费精力，邱教授现在厦门大学学报自然版编辑部主持工作，他的翻译作品和著作可谓等身。在写作的过程中，每写一篇前，我会向他口述这位高僧的事迹和成就以及人格魅力，他会和我一起分析并探讨写作重点；每完成一篇后，邱教授都会认真修改并分析高僧成长的背景和经历，修正我写作上考虑不周的地方，刚开始我会刻意规避史料中高僧成长中可能造成的性格上的缺点，邱教授就给我树立了一个重要的观点，“你写的是‘高僧传’不是‘高僧赞’”，他希望我写出的是一个个有血有肉鲜活的高僧。如果我因工作或者其他事情耽误了，没能如期去校对稿件，邱教授就会督促我要尽快写稿。他还会结合高僧的品德教导我为人处世，也时时点出我做得不对的地方。在此，向邱教授鞠躬表示衷心感谢。

《云水僧踪》参考的主要资料是《四朝高僧传》《唐高僧传》《宋高僧传》《大明高僧传》《续高僧传》以及高僧年谱、纪录片《千年菩提路》、佛教导航中华佛典宝库网、中国佛教协会网站等，受惠良多，还有诸多对本书出版有帮助者，在此一并感谢。

每一篇高僧传记，于我而言都是不完整的素描，尽管在写作的过程中我也经常会被深深感动，一如我少年时阅读的《高僧传》，但我深知我的文字没有表达其一二。

最后，向所有支持本书出版的同仁，致以衷心谢意和祝福。

翟风采

2023 年 3 月 9 日

序　一

夫佛法者，轫天竺而入华夏，垂青史牧含识以谦俭，化三界道万类以惠虔，其宗本幽瑕，难以言传。佛法东渐，自首寺鸿胪肇建于东汉永平，转于华夏已近两千年。其间经魏晋南北朝之格义，融汇儒道，渐成本土文化璀璨之津源。佛教在历史上，概论之，于教派言，八宗竞列，多趣禅净；于信仰言，家家弥勒，户户观音；于化世言，王公走卒，以亲近名宿为幸；于传法言，边陲域外，以喜承法脉为荣。

佛法应世，历经水火之灾，屡受百劫之难，然法轮息而复转，道镜晦能重光。个中关窍，源于佛门龙象，代有传人。以《高僧传》为例，载入史册之高僧灿若晨星，其中对本土佛法有决定作用者亦不下百数。如有以神通化众之佛图澄，有以释种为姓之释道安，有最早西行求法之法显大师；有对汉传佛教译经事业做出卓越贡献之鸠摩罗什、真谛和玄奘等三藏大师；有结莲社之净土初祖慧远大师及净土集大成者莲池大师；有天台宗之慧思、智者大师，有禅宗的初祖达摩、二祖慧可、六祖惠能、六祖门人马祖道一以及明末中兴六祖门庭之憨山德清等大师。近现代则更有肩挑五宗之虚云老和尚，持戒精严之弘一律师，为法忘躯之八指头陀，以及爱国爱教之圆瑛大师……

契经有云：人能弘道，非道弘人。上述彪炳史册的大德高僧，或创宗演教，或续焰传灯，或舍生忘死于求法之路，或忍辱负重于传法之门——正是这些高僧们的精进不懈才使得我们汉传佛法得以弘传，同时汉传佛法的弘传亦反衬出这些高僧们利济群生之悲心。如是之“先觉觉后觉，故为众生先”的大德高僧值得佛教界敬仰与缅怀的。

适逢盛世，有厦门大德居士翟风采为彰先哲、启后人，从原《高僧传》中摘录部分对我们汉传佛教影响甚巨之高僧，结合史料记载，辅以实地考察及演义文风，将原《高僧传》中晦涩难懂之篇章改为雅俗共赏之内容，实乃胜缘深义，稀有难得！稿成记事，受居士托，山僧疏以短引，以发其端云。

宁波天童寺住持诚信撰于天童大鉴堂

二〇二三年孟春

序　二

中华文明源远流长、博大精深，素有“三教九流”之说，儒、释、道为古代中国最早的世界文化视野范围观，在中国传统文人身上早已经“三位成一体”，有道是“道根儒茎佛叶花，三教本来是一家”。以释为代表的印度文化圈，是大中华文化圈范围外众多外来文化中离中华最近，接触最早的文化，随着科学技术的日新月异，地球也如同一个小村落，更多优秀的文化呈现在世人前，取长以补短，万物以冲和，方为中华之真精神，世人之福气。

最早的《高僧传》也称《梁高僧传》，是南朝梁僧慧皎所撰，共十四卷，所载僧人从东汉永平十年（67）至梁天监十八年（519）四百五十三年间，共二百五十七人，分为十门：译经、义解、神异、习禅、明律、亡身、诵经、兴福、经师、唱导。后来的高僧传也都是出家人所作，虽然有很多亮点，却局限于出家人的视角、出家人的语言和出家人的思维方式。

风采是福建省作家协会会员，热爱文字，在传媒领域工作十余年，先后担任《财富经济》杂志主编、中国网海峡频道主编，既熟悉佛教的用语和典故，又熟悉广大读者的需要。

在创作过程中，我们一方面深入古籍、深入经典，希望获得更多资料、更多故事，一方面又回归常人、回归常识，拨开千百年神化的迷雾，寻求最朴素的真实，因为我们深知，只有真实的才是最感人的，只有真实的才是可以学习的。

高僧大德，就是在千百年佛教汉地传承、适应与发展过程中有大成就者，就是在立言、立德、立身方面有大成就者，他们的成就是如何取得的呢？孟子的《生于忧患，死于安乐》里面说过："天将降大任于是人也，必先苦其心志，劳其筋骨，饿其体肤，空乏其身，行拂乱其所为，所以动心忍性，增益其所不能。"意思是说，上天要把重任降落到某人身上时，一定会先磨砺他的意志，劳累他的筋骨，让他饥饿、穷困，事事不能如愿，以此触动他的心，来考验他的忍耐力和承受能力，从而提高他未来担当重任的能力。

从每一个高僧大德的故事里面，都可以看到无数艰难曲折的磨砺，都能够看到他们"不忘初心"的定心与定力，都可以看到他们随机应变大胆创新的勇气与智慧，这就是读者可以从高僧大德身上学习的宝贵品质，也就是我们搜罗经典、细心揣摩、编写本书的初衷。相信读者一定能够学有所思、学有所悟、学有所得、学有所成。

厦门大学 邱仲潘

2023 年 1 月 1 日

目录

佛图澄

佛图澄（232年-348年），西域人。本姓帛氏（以姓氏论，应是龟兹人），9岁在乌苌国出家，两度到罽宾（北天竺境笳毕试国，今克什米尔地区）学法。

佛图澄

佛图澄志弘佛法，公元 310 年以 79 岁的高龄来到中国洛阳，隐居 4 年后，83 岁时开始了人生中最“辉煌”的时期。他借助占卜战事胜负、闻铃断事等神通取得了可谓是历史上最残暴的皇帝石勒和石虎对佛教的认可，使佛教在中国历史上首次由民间上升为被最高统治者信仰的官方宗教。他精通医术、戒德高尚、佛学造诣深厚，建造佛寺 893 座，徒弟近万人且高僧辈出，在中国佛教发展史上，产生了重大的影响。佛图澄的一生充满了神奇色彩，乃至有传在他以 117 岁高龄圆寂后，有人曾在雍州看见他，开棺验证，棺材内只有一块石头。

年逾古稀志弘佛法　为度信众显神通

魏晋南北朝时，很多高僧从西域、印度来到中土，他们讲经说法，教授弟子，翻译经典，为中国佛教的兴盛打下了扎实的基础。晋永嘉四年（310），79岁高龄的佛图澄来到中国洛阳，在这样的年龄，一般人已经如风中残烛，垂垂老矣，而佛图澄则不然，他此行心怀大愿，为推动佛法在汉地兴盛发展而来。

那时正逢永嘉之乱，社会局势动荡不安，前赵的刘曜占据洛阳，石勒（五胡十六国时代后赵的开国君主）屯兵在葛陂（今河南新蔡北），准备南攻建业。性情残暴的石勒，时常以杀人为乐事。佛图澄意识到在这样的乱世中弘扬佛法并非易事，便在洛阳城隐居下来，观时机，静待弘法因缘成熟。不知不觉过去了四年之久，四年间，随时可见刀光剑影、腐尸白骨，他的悲悯之心时常在流血。看时机已成熟，他便决定首先以佛法中的神通来让石勒信服，而后引入正法，以减少生灵涂炭的残忍场面。 在佛法中是以智慧与慈悲为修证的核心，而神通是度众生时候的附属的方法。因为当时的佛教大环境和石勒的性情，佛图澄才决定示现不可思议的神通力，来令他人信服，这也是度众生的一种方便法门。

佛图澄 9 岁的时候已经出家，在来洛阳之前，他在西域已经被人们认为是得道的高僧。他对佛法有着高深的造诣，尤其是在戒律方面有着十分精通的研究，他自身也时刻践行着释迦牟尼佛“以戒为师”的遗言。在身口意方面严格要求自己，凡是戒律不允许的坚决不做，非佛言不言，平生过午不食，行为举止十分有威仪。他深知，对于石勒这样根基的人，讲佛法的理论并不能使他信服，唯有显现得比普通人神异才能降服他不可一世的傲慢心，使他皈依佛法。

为了安全他不能贸然去找石勒，石勒手下大将郭黑略素来信奉佛法，他便首先结缘郭黑略。此后，郭黑略随石勒征战，每每能预决胜负。石勒诧异之余便询问其中缘由，郭黑略就乘机对他说：“恭喜将军威德广大，现有一西域得道高僧来相助，前几次战事胜负均是由他所预知，他还预知将军将来可占据中原，建国称帝。”石勒听闻，心中惊异，于是便召佛图澄前来相见。

佛图澄从容前来，虽已近八十高龄，依然精神矍铄，目光如炬，毫无龙钟之感。石勒见了便生出三分敬意，表面上依旧不动声色地问：“佛法是什么？”佛图澄便取钵装水，对着水念了几句咒语，水中瞬间就生出了散发着绚丽光彩的青莲花，石勒及众人无不惊叹。他告诉石勒：“佛法犹如莲花，从浊世到净界，从大恶到尽善。从凡俗到成佛，这些都和莲花出淤泥而不染的超凡脱俗品性是一样的。佛法义理高深，总离不开慈悲二字，若为王者若以德服人治国，吉祥的四灵（龙、凤、麟、龟）就会出现；若为政残暴多弊，不祥的彗星就要出来。世运也会随之而变，自古如此。”石勒听后非常赞同。彼时，他想要效法大汉，追踪汉高祖，成为有所作为的人，所以他还是能接受这样的话。

佛图澄还当场医治好了在场人的顽固宿疾，大家对他无不称叹，认为佛法真是高深莫测，值得学习。之后，佛图澄又连显神异，使石勒对他佩服得五体投地，奉若神明，军政大事，必定先要请佛图澄预卜吉凶，以决行动。每每遇见石勒要杀人，佛图澄就劝诫石勒实行仁政，并说明不能杀的原因，十有八九都会被赦免，佛图澄也因此救护了不少将要被杀的人。

德行感佛法兴盛　佛教首次被最高统治者崇奉

前赵光初十一年（318），刘曜进攻洛阳，朝廷内外无不劝谏石勒，勿亲率出兵。石勒心意不定，求问佛图澄。佛图澄说：“刚才听铃声说：‘秀支替戾岗，仆谷劬秃当。’这是两句羯族语，意思是说，军队出征，刘曜必擒。”于是石勒留下长子石弘和佛图澄镇守襄国（邢台），他亲自率兵，直指洛阳。两军交战激烈，刘曜军马大败。落荒的刘曜，乘马落入水中，石勒之子石堪乘机活捉了刘曜。

此时，佛图澄用麻油掺和胭脂，涂在掌心，见掌中有许多人，其中一人被绑缚，脖子上束着朱红丝线。于是告诉石弘："刘曜已擒。"佛图澄相告之时，正是刘曜被擒之时。

石虎有个儿子叫石斌，深得石勒的喜爱，一天石斌忽然暴病身亡。死后第三天，石勒在悲痛中忽然想起了什么，喊来近臣说："朕听说虢太子死后，扁鹊使他复生。大和尚国师不正是圣人吗？快去请他施法，让斌儿复生。"佛图澄到后，取出杨柳枝，对着石斌开始诵咒。过了许久，只听见石斌一声呻吟，豁然从床上坐起，惊讶地看着众人。自此，石勒便将自己的幼子们都送到佛寺中养活，每到四月初八佛诞，石勒还亲自来到寺院，香汤浴佛，为儿子许愿。

佛图澄医术十分高明，常常能治疗顽固的疾病，且以平等之心，上至达官贵人，下至贫苦百姓，凡有所求，皆为治疗。面对贫病之人不收取任何的医疗费，并在治病的过程中，劝人去恶向善，净化心田，远离疾病之因，修学佛法。因为他德行的感召，许多人纷纷开始学佛，佛法在中原一带慢慢开始显露出兴盛的气象。

后来西晋灭亡，北方政权落到石勒手里，是为后赵。石勒登位后，更加恭敬和厚待佛图澄。凡军国大事，都要一一向他请教后才施行，并尊他为“大和尚”，这也是中国佛教历史上第一位被叫作大和尚的僧人。

得到石勒的信赖和支持后，佛图澄开始大力弘扬佛法，推行道化，所经州郡均建立佛寺。他深刻地意识到唯有践行戒律才能使佛教发展，因此在他建立的僧团里，把戒律严格落实在僧众的修行上，为僧团的发展奠定了良好的基础，除此之外，他把中国古来的戒律又统统研读一遍，不合理的解释又进行了修正。

后赵建平四年（333）四月，佛寺塔上的铃子无风自鸣，佛图澄对大家说国家在今年将有大丧。结果在七月，石勒就因病去世。石勒死后，石虎（石勒的侄儿、后赵的第三位皇帝）杀了石勒的儿子石弘而称帝，他对佛图澄也十分恭敬。

佛图澄不重形式，更关注起心动念，时常劝勉朝臣发自真心励行慈济。当时石虎的尚书张离、张良家里非常有钱，虽然造大塔奉佛，但是却贪婪敛财，佛图澄告诉他们：“要修福德，首先在于慈悲济人的心，失去了良好的发心，建设再多的塔庙，福德也是非常有限的。”他还告诫石虎：“恣意虐杀，残害无辜，即使花很多钱去做佛事，也不是解脱灾祸之道。”

在石虎的推动下，佛教得到了更大的发展，全国佛寺多达 893 座。

徒弟中高僧辈出　圆寂后不知所踪

佛图澄的学说，史无所传，但从他的弟子释道安、竺法汰等人的理论造诣来推测佛图澄的佛学造诣，一定非常高超。其弟子释道安博学多才，通经明理，最为杰出，为佛教在中土兴盛打下了坚实的基础。佛图澄度众无数，其弟子将近一万人，而且高僧辈出。

佛图澄擅识人，其弟子释道安因为相貌丑陋，经常受到众人的嫌弃，人人见而远离。而佛图澄一见到道安，就非常欣赏他，整日相聊而不知道疲倦，众人都觉得诧异，佛图澄就告诉众人：“此人远识，非尔等可比。”道安拜佛图澄为师，佛图澄讲学时，道安复讲。众人纷纷提出疑难，道安挫锐解纷，行有余力，四座震惊。道安所证的经义和后来罗什译出的经旨符合，因而使佛法大显于中土，释道安又授业于徒弟慧远大师，他是净土宗的开创者，为净土宗第一代祖师。

后赵建武十四年（348），佛图澄在邺西紫陌上自建坟墓，他对弟子交待：“戊申岁祸乱已生，己酉岁石氏当灭。趁着祸乱未到，我先走了。”

石虎听说后，赶紧到寺庙里探望，佛图澄对他说："国家兴修如此繁盛的寺庙，本应享受福祉，但你杀人太多，违逆佛旨，如果你不肯改变，终不能享受福祉。若是你肯改变，国祚自会延长，我死后也就没有遗恨了。"十二月八日，佛图澄在邺宫寺圆寂，终年 117 岁。

后来，有僧人从雍州来，说见到佛图澄向西入关了。石虎遂掘佛图澄坟墓，但见墓中只有一块石头，没有尸体。石虎黯然道："石头，不就是我吗！"第二年，石虎就死了。

佛图澄在乱世之中，以神通力，吸引统治阶级的崇信，使佛教在中国历史上首次被定为官方宗教所崇奉，并观机施化，使许多汉人及百姓纷纷皈依佛门，用宗教力量来安定人民，弘扬佛教，是汉传佛教早期极为重要的高僧，也为中国佛教的发展留下了浓墨重彩的一笔。

道安法师

道安法师（312年-385年），东晋时期高僧，出生于常山扶柳县（今河北省衡水市冀州区境），父母早亡，由外兄孔氏抚养长大。

道安法师

道安是佛图澄杰出的弟子之一，也是净土宗第一代祖师慧远大师的师父。他推动了佛教般若思想在中国的发展并制定了僧尼规范，引导了中国佛教僧团和丛林建设的形成，统一了出家人的“释”姓，他编著的《综理众经目录》是中国佛教文献学的先驱，“五失本，三不易”更是中国佛教翻译所遵循的规律和原则。梁启超先生曾赞誉道安大师为“中国佛教界第一建设者”。

形貌黑丑受轻视

道安法师的幼年和青年时代并不是那么顺意，他出生在乱世之中，父母早早去世，从小就在外兄孔氏家里抚养。7岁开始读书，到 15 岁的时候，对于五经文义已经相当通达，就转而学习佛法。

道安法师相貌丑陋，丑陋到什么程度呢？在他 18 岁出家时，道安法师作为僧人主要的修行方式就是在田地里独自干农活，他之所以不能和僧众一起修行，主要因为他的相貌过于丑陋，以致寺院里没有谁愿意见到他。他的剃度师父也因为他又黑又丑的外表，一点也不重视他，且没有教授他佛法知识。

道安法师十分听从师父的话，即使一直干农活，内心也毫无抱怨。直到几年之后，他向剃度师父提出要阅读佛经，师父给他《辩意经》一卷，约有五千字。道安法师带着经书下地干活，利用休息的时间读经。晚上回寺院后，将经书还给师父，并要求再换一部，师父说："昨天给你的经书还没有读，怎么今天又要？"道安回答说："昨天的那部经书我已经会背诵了。"师父感到很惊讶，却并不相信，但还是给了他《成具光明经》一卷，有近一万字。道安又是带着经书下田干活，利用休息时间阅读，晚上回来时又还给师父，师父拿着经书，让他背诵，他一字不差地背了下来。师父十分吃惊，终于对他改变了态度并送他去受具足戒，同时准许他在外任意参学。

在外参学的日子里，因为外貌丑陋，没有哪位高僧愿意收他为徒弟。东晋咸康元年（335），24 岁的道安法师来到了石赵的邺都（今河北省邯郸市临漳县境），也就是在这里，他遇到了影响自己一生的师父佛图澄。

佛图澄一见到他就非常赏识，整日相聊而不知疲倦，众人都很诧异，他就对那些轻视道安法师的人们说："此人远识，非尔等可比。"佛图澄的话也在此后道安法师的一生中得到了很好的验证。道安法师惊异于佛图澄大师佛学修养的高深，便恭敬地礼拜佛图澄为师父。

佛图澄对于道安倾力授业，每每讲完佛法，都会让道安重复一遍。复述时，面对众人的疑问责难，道安法师总能游刃有余地解答和化解，众人无不佩服此人的智慧，暗暗叹服佛图澄的眼力。如此这般有十三四年的时间，他经常代替佛图澄讲说，并且解答了许多理论上的疑难问题，赢得"漆道人，惊四邻"的美誉。佛图澄对道安法师授以心传和教学的善巧，致使道安法师所证的经义和后来鸠摩罗什译出的经旨符合，因而使佛法大显于中土。

乱世之中发展佛教

佛图澄圆寂后，后赵国内乱不断，北方群雄并起，战火连天，这使得北方佛教陷入内外交困的境地。面对师父佛图澄托付给自己的庞大的僧团，道安法师意识到对佛门的整顿已经迫在眉睫，不然佛法将会被那些并非真心礼佛之人彻底毁掉。佛图澄在世时，出家为僧已经成一时风气，这既说明了当时佛教的兴盛，又为后来佛教在发展中的弊端埋下了隐患。大家竞造寺宇，出家者众多，但其中品类杂滥，石虎也认为“今沙门甚众，或有奸宄避役，多非其人”，而下书嘱中书命“简议真伪”。

道安法师一边带领庞大的僧团四处逃亡避难，一边开始制定僧尼规范。他参照已经传入中国的部分佛教律学经典，结合当时的实际，逐步制定出一套佛门礼仪规制，从焚香定座到登坛讲法，再到日常修习的行住坐卧、唱经悔过之法等都无一不备，就连姓氏也作出了明确的规定。

道安之前，和尚还是用俗姓，有的则是依据各自的师父为姓，也有以“竺”“支”等为姓，各门各地的姓氏千差万别，为此还造成过不少门派之争。道安认为“大师之本，莫尊释迦”，就规定所有的出家人都要姓释。后来《阿含经》传入中国，里面记载：“四河入海，无复河名；四姓沙门，皆是释种。”道安法师所说和佛经不谋而合，因此出家人为“释”姓也就一直沿用至今。

佛门的整顿，减少了很多鱼目混珠之人，但是道安法师还要面临一个更为艰难的选择，就是如何带领着庞大的僧团发展。如果依然还是集体逃亡，一旦遭遇不测，很可能会被集体屠杀。如果将徒众分散，可以保存性命，但又如何弘扬佛法呢？战乱的社会环境迫使道安最终选择了后者，每次分散徒众，对于年迈的道安来说，都是一次生死离别，他总是要对弟子反复叮嘱，要求他们严守戒律，不忘弘法。

当慕容儁派慕容恪攻略河南的时候，道安离开了河南，率领剩余的弟子四百余人到襄阳，在襄阳时，对于最后一位要离开他的弟子，道安法师没有说一句叮嘱的话。这位弟子临别前跪在地上不解地问：“师父对别的师兄都有叮嘱，为什么对我没有一句话呢，是不是我这个弟子太差了。”道安法师说：“正好相反，对于你，我没有什么好担忧的，也就没有可叮嘱的。”离开了师父，这位弟子没有像他的师兄们那样冒着生命危险四处弘法，而是潜心在钟灵毓秀的庐山修学佛法，他就是中国佛教净土宗的创始人慧远法师。

道安在襄阳先住在白马寺，后又创立檀溪寺，襄阳在那时还属于东晋，社会环境比较安定，道安在那里住了十五年，得到充分发展佛教的机会。

勇于革新　注解经义

道安作为佛图澄的学生，确实青出于蓝而胜于蓝。他传教的特点不是依靠奇门异术，而是完全依靠自己对教义的理解和佛教本身的魅力来打动民众，争取教众。

佛教传入中国之初，知识分子常因其类似老庄思想而接受。一直到魏晋时代，清谈之风盛行，尤其以竹林七贤为代表的学者雅士，常以老庄思想来说明般若的空理。佛教被老庄空理的清谈之风所影响，举凡佛教讲述、佛典注释，常引用老子、庄子、《易经》的用语，皆称为“格义佛教”。后世亦有以儒家思想比附佛法者，亦被视为是格义佛教的一种。道安法师认为格义佛教容易曲解佛教教义，主张以佛教原义正确翻译佛典，并借由佛典本身探究佛理。

《高僧传》里有一段他和僧光法师关于格义佛教的精彩对话：“安曰：先旧格义，于理多违。光曰：且当分析逍遥，何容是非先达。安曰：弘赞教理，宜令允惬，法鼓竞鸣，何先何后？”僧光法师认为格义是先达传下来的一种方法，只可应用，不必再问是非。道安法师不以为然，认为弘扬教理，首先要求正确，先达不先达的问题可以不必理会。这大概就是佛图澄所说的“远识”，也可见道安法师的气概和风度不同一般。

当时的名士习凿齿曾写信给大臣谢安，谈到道安法师远胜诸人，非同寻常，师徒数百人，持斋讲经，孜孜不倦。没有变化奇特的法术来惑常人的耳目，没有重威大势来迫使参差不齐的群小就范，师徒态度严肃，相互尊重，济济一堂，秩序井然。

道安法师在襄樊、沔州的十五年里，着力于讲经。他发现旧译由于年代已久，错译、误译比比皆是，以致使深奥的经义隐没不通，每到讲解，只能知其大意，有时甚至只能原样念一下。当初在北方整天东奔西走，无暇顾及，现在应该动手整理了。他开始重读经典，疏通艰涩的文辞，释疑解难，共注经二十二卷，有《船若道行》《密迹》《安般》等等，自他开始，诸经意义才日渐明晰。此外，自汉至晋，译经很多，但传经人的名字尚无人著录，结果后人便弄不准各经传来的年代。道安有感于此，便汇集诸经名目，标明传译者，注明新旧，撰成《综理众经目录》，这在中国还是首例，虽已失传，但为后人开了先河，从此众经的来龙去脉便有迹可循。

除此之外，他每年都多次讲说《放光般若经》，从没有过废缺。东晋孝武帝非常钦佩道安的德行，派使者前往问候，并下诏书，嘉奖道安法师的学识功绩、道德风范，并给他王公一般的待遇。

创新翻译 力求质朴

东晋孝武帝太元四年（379），苻坚遣苻丕攻占襄阳。苻坚认为襄阳之役只得到一个半人，一人指道安法师，半人为习凿齿。苻坚既得道安法师，就请他住在长安五重寺，道安时年 67 岁。

得益于秦王苻坚的护持，已过花甲之年的道安法师，除了领导几千人的大道场讲经说法之外，最主要的是组织翻译事业，并由他亲自指导，一时中外翻译人才云集。

道安法师亲自选经翻译，并对所译经典详加校订，一一作序。所译经典主要以小乘说一切有部为主，兼及部分大乘佛经。由此将佛教在中国的传播和翻译推上了一个新的阶段。作为佛经翻译家，道安组织并参与大量译经活动，首倡“五失本，三不易”的翻译理论，并提倡直译，主张译笔要力求质朴的观点，对后世翻译影响巨大。在长安的七八年中，他共计译出佛经十四部一百八十三卷，约百余万言，是我国佛教早期的主要翻译家之一。

临欲命终　瑞相现前

道安法师常与弟子法遇法师等人在弥勒菩萨像前立誓，希望往生后能到兜帅内院跟随弥勒菩萨继续修学佛法。道安法师去世前几天，一位形貌丑陋的僧人来寺院寄宿，因寺房狭窄，就安排他住在讲经堂上。

一天晚上，负责当值的维那看见这位僧人从窗户缝里出入，随即就把这事告诉了道安法师。道安法师惊起，前往行礼问讯，问他的来意，异僧回答说："为您而来。"道安法师说："自知罪孽深重，不知还能否度脱？"异僧说："甚可度脱，过一会儿浴圣僧（寺内供奉的主佛像，此指弥勒），您的心愿就可以实现了。"然后又告诉沐浴的方法。

道安法师又问自己来生在什么地方，异僧用手向西北方向的天空中划了一下，即见云开，兜率天妙境尽在眼前。再一转身，异僧忽然不见了。这天晚上，有几十个人都看到了这番胜景。

道安法师按照异僧的指点沐浴了弥勒佛像，此事几天后，也就是东晋太元十年（385）二月八日，道安法师对弟子们说："我该走了。"这天斋毕，无疾而终，终年 74 岁。

道安法师最大的遗憾就是没有等到鸠摩罗什的到来。他早就听闻西域高僧鸠摩罗什，希望能和罗什一起讲析经文，多次劝苻坚请罗什来前秦，奈何因缘并没有具足。而罗什对道安法师的风范也有所耳闻，称道安法师为东方的圣人，常常遥向礼拜。道安死后 16 年，鸠摩罗什终于来到长安，两人没能见面，罗什对此十分悲痛。

鸠摩罗什

鸠摩罗什（344 年 -413 年），天竺人，出生于古代西域的龟兹国，东晋时后秦著名高僧，译经家、思想家、哲学家、语言学家。他与真谛、玄奘、不空并称为我国著名的四大佛经翻译家。

鸠摩罗什

鸠摩罗什的一生充满了传奇色彩，他是完美的，又是不完美的。他完美到国家之间因为抢夺他而发动了战争，也是道安法师在世间没能见上一面的遗憾。从龟兹到大凉再到长安，这位高僧在坎坷磨难中，终至圆满。他一生一共翻译了约 74 部 392 卷佛经，留存无数旷世经典，至今 1600 多年仍无人能增减改动一字，位列四大译经家之首，为翻译学鼻祖、中国佛教八宗之祖。他又是不完美的，他是一位被迫两度破戒的僧人，他以“臭泥中莲花”自喻，曾吞下满钵铁针平息破戒引发的舆论。圆寂后舌头不烂，如今供奉在甘肃武威鸠摩罗什寺中。

12岁开坛讲法

鸠摩罗什家族世代为国相，父亲鸠摩炎聪慧有大节，放弃继承国相之位毅然出家，并东渡葱岭来到龟兹国。龟兹王听闻他舍弃荣华一心修道十分敬慕，便迎请他为国师。龟兹王有一位妹妹叫耆婆，是西域闻名的才女，她贤良淑德，才思敏捷，读书过目不忘，而且笃信佛教。时年二十的耆婆对于争相追求的西域诸国王储们无一能看上，唯独钟情于鸠摩炎，非他不嫁。龟兹王便逼迫鸠摩炎娶耆婆为妻，不久耆婆就怀上了鸠摩罗什。

耆婆在怀孕期间，不但自通天竺语，而且领悟、见解及辩才都超过从前。有位罗汉达摩瞿沙说："这种现象，必定是怀有智慧的孩子。舍利弗在母胎时，其母智慧倍常，正是前例。"史书上记载，这期间她常到雀梨大寺，即现在的苏巴什佛寺所在地请斋听法，并且精通了梵文。后来生下了儿子取名鸠摩罗什，罗什出生后，耆婆就恢复到了从前，也不再会说天竺语了。

一天，耆婆出城游玩，见坟冢遍野枯骨纵横，了悟人生无常迅速，人命呼吸之间，于是以绝食相逼立誓出家。鸠摩罗什从小对佛经就有非凡的领悟力，7 岁时，便随母亲一起剃发出家。

因为罗什的母亲是龟兹王的妹妹，所以供养者非常多。为了避开名闻利养和更好修学佛法，罗什 9 岁时，母亲带着他渡过辛头河到达罽宾国，即今天的克什米尔求学，当时那里是佛教最繁盛的国家之一。罗什能日诵千偈，每一偈有三十二字，一天就是三万二千字，每每诵过就会背诵并通达其义。

在罽宾国，罗什师从当时名望德行极高的盘头达多学习佛法。师父讲完课后，罗什就能流畅背诵并颇有领悟。12 岁时学成回国，途中路过疏勒国，一件改变他佛教思想的事情发生了。

佛教诞生于公元前 6 世纪。公元前 1 世纪中叶，大乘佛教兴起于西北印度，从此佛教有了大乘小乘之分。小乘佛教注重个人修行，求的是个人解脱；大乘佛教以成佛为目标，提出普度众生的观点。佛教传入西域之后，南线以于阗国为代表，主要信仰大乘佛教，北线包括龟兹，主要信仰小乘佛教。在此之前，鸠摩罗什接受的是小乘教的熏陶，在疏勒他碰到了几位大乘学派的高僧，经过一段时间的学习后，他掌握了大乘佛教的核心精髓。当他回到龟兹之后，就开始弘扬大乘佛教。当时的小乘佛教已经在龟兹根深蒂固，要转变一种信仰并不是一件容易的事，鸠摩罗什凭借着自己的雄辩之才征服了龟兹的高僧大德并且得到了王室贵族的支持，最终使龟兹的信众们逐渐接受了大乘的教义。罗什因此名震龟兹，蜚声西域。

罗什讲法之余，博览群书，其中也有外道书籍，而且他生性坦率，不拘小节。后来人们分析这场从小乘到大乘的转变，从社会生活来说，大乘力图参与社会世俗生活，能够深入到统治阶级和普通民众。从鸠摩罗什个人来说，这正好符合了他胸襟广阔、不拘小节的性情。

12 岁的罗什开坛讲法时，远近的信众与国王都会聚集到他的身边听经闻法，许多国家都邀请他做自己的国师，但鸠摩罗什不为所动。一直到罗什 21 岁时，才做了龟兹国的国师，他的名声也从西域传到了中原，一场针对罗什的人才抢夺战争也悄悄拉开帷幕。

困留凉州十七年

西晋之后，中原进入东晋十六国的混战局面，前秦皇帝苻坚，在一统中原、关中、河西的基础上决心收复前朝在西域的政治主权，前秦建元十九年（383），苻坚命令骁勇善战的大将军吕光，率领七万步兵、五千重装骑兵从长安出发征讨龟兹，并让吕光攻克龟兹之后把鸠摩罗什护送到长安。

苻坚是个佛教徒，对龟兹的鸠摩罗什早有耳闻，他希望鸠摩罗什能把中原的佛教推上一个新的高度，那时中原的佛教是经过中亚和西域许多国家一站一站接力传递过来的，因此，当佛经传到汉僧手上时，往往是经过了层层转译，当它再被翻译成汉文时，错讹和附会之处比比皆是。

吕光的大军很快兵临龟兹城下，鸠摩罗什劝龟兹王白纯开城纳和，告诉他："国运衰矣，当有勍敌，日下人从东方来，宜恭承之，勿抗其锋。"但白纯却负隅顽抗，结果龟兹军队大败。对眼前这位 30 多岁的年轻僧人，并不信仰佛法的吕光内心是不屑一顾的，他并不认为恪守清规戒律的鸠摩罗什有什么值得苻坚如此看重。为了戏弄鸠摩罗什，就让他娶龟兹国公主为妻，理由是他的父亲也是出家人，也一样娶了龟兹王的妹妹为妻。遭到罗什的拒绝后，吕光便将罗什灌醉然后同公主一同关在密室。吕光的戏弄，使鸠摩罗什成了一位破戒僧，此后他还让罗什骑疯牛和野性十足的恶马，想让他从马上摔下来。面对吕光的百般刁难，罗什心怀忍辱，面色平静如常，吕光见了便暗暗佩服，不再戏弄罗什。

吕光大军带着鸠摩罗什返回中原，罗什的母亲曾说过他未来会去东土大弘佛法，他的心中曾向往过让他发挥才智、神秘美丽的东方。但是他没有想过，如今去东土变成了一场迫不得已的行程，而这只是他苦难人生的开始。

当他们到达凉州时却听到了另外一个消息，前秦主苻坚亲自率领的百万大军在淝水折戟沉沙被东晋军队大败，前秦迅速灭亡。吕光索性停止了脚步并割据凉州为王，在今天的甘肃武威建都，成立了后凉政权。鸠摩罗什也就因此被软禁在了凉州，这样的日子长达十七年之久。

吕光之所以还留着罗什，是因为他对他还有用。一次军队在山下休息，罗什告诉吕光不能在此休息，将有洪水来袭。吕光轻视地看了罗什一眼并不相信，到了夜里果然水深数丈，死者数千人，吕光这才发现鸠摩罗什的不同之处。吕光的中书监张资，文翰温雅，吕光十分器重。却不幸得了重病，吕光遍寻名医，不惜耗费重资，到了病急乱投医的状态，甚至有外国道人前来谎称能救人而骗取钱财。罗什不忍吕光被骗，便用五色绳烧为灰烬投入水中，告诉吕光灰若出水复成绳者，病就是治不好的。结果，灰烬很快聚在一起成为了绳子的形状，不久，张资就病逝了。

在凉州的十七年，他被监视居住，行动上没有太大的自由，他便利用这段时间开始学习钻研汉语。没过多久，他的汉语读写水平就突飞猛进，除了能说一口流利的汉语外，还喜爱上了中原的文学，充分熟悉了当地的风土人情，与凉州文人一起吟诗是罗什经常做的事情，他成为了汉文化的饱学之士，加之他本身对梵文、龟兹文和佛教的精通，东西方文化开始在他脑海里融会贯通，于是中国第一位译经大师在河西走廊辽阔的土地上悄然成长。

迎请长安 翻译经典

东晋隆安五年（401）五月，发生在龟兹的一幕，在中原再次上演。在经历了前秦到后秦的朝代更迭之后，长安城的新主人——后秦主姚兴再次集结起他的军队一举消灭了凉州的吕氏政权，罗什终于被迎请到长安。

此时的长安，姚兴以国家的最高礼遇欢迎罗什的到来，此时的鸠摩罗什也已经58岁了，他已经被打磨成一位真正学贯中西、佛学造诣高深的老僧了，那个既带给鸠摩罗什诸多磨难又成就了他的吕光也早已不在人世。

后秦主姚兴专门为罗什创建了中国有史以来最大的译经场——后秦国逍遥园（今距离西安50公里的草堂寺就是逍遥园的一部分），并为他配备了由五百多名僧人组成的译经队伍，几千位慕名而来的各地僧人更是将这里挤得水泄不通。

年过半百的鸠摩罗什充分发挥他的才智，开始了中国历史上规模空前的译经活动。《大品般若经》《法华经》《维摩诘经》《阿弥陀经》《金刚经》等一部部经书被译出。他译经常手持梵本，直接口译秦言（当时的中文）。然后分别解释两种语言版本，再以译文与原文印证。若说道安属于“直译”，罗什则属“意译”。以他的“新译”为分水岭，此前的译本称为“旧译”。“新译”一出，“旧译”皆息。在他的率领下，一共翻译了约 74 部 384 卷佛经。译经的过程中，罗什也培养出了很多优秀的弟子，其中就有被后世称为“四杰、八俊、十哲”的僧肇、僧睿、道融、道生等人，当时长安城云集僧人 3000 多，基本全出自他门下。

罗什的翻译风格流畅优雅，文采斐然，朗朗上口，留存无数旷世经典，至今 1600 多年仍无人能增减改动一字。作为一位活在千年之前的古人，罗什已经创造出世界、未来、爱河、烦恼、苦海、未来、心田、大千世界、想入非非等跨越时代的词汇。这些最初由鸠摩罗什创造出来的汉语词汇，今天已经成为了我们生活的一部分，丰富着我们的精神世界。我们很难想象，一些今天在我们嘴边常挂着的汉语词汇，是一个祖籍印度来自龟兹的僧人创造的。

他一生只译不作，学问之高难以揣摩。鸠摩罗什译完的初稿，姚兴都会亲自拜阅，同时请教大师两本之间的异同，最后才定为宗本。在姚兴眼中，鸠摩罗什是个无与伦比的完美智者。正是源于姚兴对罗什的敬重，导致了鸠摩罗什一生中的第二次破戒。

吞满钵针　平息舆论

姚兴认为罗什智慧高超，放眼天下没有第二人能与之相比。一旦去世，法种将要断绝，为了延续罗什的好基因，他选了十名歌妓送给罗什，建立别苑，强逼罗什娶她们为妻。鸠摩罗什心思全在译经事业上，然而十七年软禁生涯也令他深谙伴君之道，被逼无奈的罗什只好再次破戒。

吕光出于羞辱的目的将鸠摩罗什推到破戒的尴尬境地，而姚兴出于对法师的敬重、出于延续“法脉”的愿望，再次将鸠摩罗什推到破戒的尴尬境地。两次被逼破戒虽然情形各有不同，但对鸠摩罗什说来，都令他深感有愧于佛门的清规，以至于每次讲经说法前都要先自喻：“比如臭泥，中生莲花，但采莲花，勿取臭泥也。”

鸠摩罗什娶妻生子，引起众多议论。有僧人对鸠摩罗什生起轻慢之心，也有僧人羡慕他“艳福不浅”，妄想仿效。一天，僧众在斋堂用餐时，鸠摩罗什让侍者端来满满一钵铁针，他面色凝重地说：“如果有人想学我，一定要学习全部，不要学些不如法的部分。否则，请各自安心办道，谨守戒律，切莫再滋生妄想！”说完，他用筷子夹起铁针放进嘴里，像吃饭一样，将满钵铁针吃进肚里。随后说道："只有像这样能够消化这些针的人才可以亲近女色。"舆论从此就平息了，这次稀有的示现，令僧众们叹服，原来心怀妄想者也感到非常惭愧。

临终发誓　舌根不烂

西秦永康二年（413）四月十三日暮春，时年 70 岁的鸠摩罗什圆寂于长安。他圆寂前曾说："今于众前，发诚实誓：若所传无谬者，当使焚身之后，舌不焦烂。"若自己所译经典无误，则火化后舌头不烂。果然，鸠摩罗什火化时，当烈火缭绕之际，肉身尽数化灰，唯剩一块舌头完整存于灰烬之中，今仍供奉于甘肃武威鸠摩罗什寺中。

这位千古高僧倾其一生为中国佛教注入了新鲜血液。他的译经，不仅使得中原凝滞纷乱的佛经有了准确统一的标准，而且把佛教本土化的思想贯穿其中，成为了传统的一部分，最终使得佛教理论与儒家和道家并立，成为中国传统文化三大思想体系之一。

"一切有为法，如梦幻泡影，如露亦如电，应作如是观。"当我们诵读《金刚经》时，是不是也折服于罗什优雅极致的语言结晶呢？时代的洪流裹挟着一切不断向前，那些高僧伟岸的背影也已渐行渐远，然而他们又距离我们很近很近……

慧远法师

慧远（334 年 -416 年），俗姓贾，中国东晋时高僧，雁门郡楼烦县（今山西省原平市沿沟乡茹岳村）人，出生于书香世家。居庐山，与刘遗民等同修净土，为净土宗之初祖。

慧远法师

慧远是道安杰出的弟子，他的一生和庐山有着神奇的因缘。依托这座大山，他建立起了当时中古南方最负盛名的僧团，创设了中国第一个私立佛经译场，创立因果论，结莲社，开创了至今仍然久负盛名的净土宗。他圆满了他的师父道安的遗憾，与鸠摩罗什进行了深入的交流，这位誉满天下的一代宗师使得庐山成为当时中国南方的佛学重镇，至今仍名扬天下。

敏而好学　受师赏识

慧远从小资质聪颖，敏而好学，13 岁时便随舅父游学许昌、洛阳等地。他博学六经，融会贯通，尤其精通老庄之学，因而儒门宗匠、达官显贵，都十分钦佩他。21 岁那年本想和胞弟南渡长江，拜当时的大学问家范宁为师，不料正赶上石虎暴死，天下大乱，去南方的路阻塞不通，他们求学之志未能如愿，便到当时已经声名远扬的道安座下听法。

公元 354 年，慧远与道安第一次见面。在听闻道安法师讲解《般若经》之后，豁然开悟，感叹道："儒道九流学说，皆如糠秕。"儒道九流学说，讲的都只是些皮毛啊。于是便拜道安为师，舍俗出家。

慧远出家后日夜精勤不懈，以弘扬佛法为己任，24 岁时就开始讲经说法，且他讲法善于引经据典，使听者了悟。据说有一次，道安讲《法华经》，有听者对某些义理实在无法明了，慧远便引用中国本土老庄思想的名词来比附，顿使听者恍然大悟。正是慧远的博学聪慧，使一向反对这种名为"格义"佛学解释方法的道安，特地允许慧远读世俗的书并默许慧远加以运用。道安还常说假如将来有人能使佛法在中国光大，这个人应该就是慧远。

别师入庐山　建立因果论

东晋太元四年（379）道安被苻坚的前秦军队掳往长安，尽管当时的佛教已经受到王室贵族的关注，却仍然摆脱不了被毁灭的命运。早在大兵来犯的前一年，道安已经有所察觉，并准备离开襄阳，然而控制襄阳的朱序并不允许，道安便嘱咐门下众多弟子自行结队前往各地传法。

这已经不是道安第一次遣散弟子了，上一次是众人一起南下、前往襄阳的时候。如今，战乱的社会环境迫使道安再一次分散徒众，厚爱弟子的道安，谆谆教导嘱咐了每个即将远行的弟子。当最后一位要离开他的弟子慧远向他拜别时，他缄口不语。已经跟随了道安二十多年的慧远很难过，跪在地上问师父："师兄们离开时，您都会告诉他们如何去做，对我却没有一句话，是不是弟子太过愚昧，不堪教导。"道安说道："如汝之人，岂复相忧。"

东晋太元九年（384），在外游历了五年的慧远来到了钟灵毓秀的庐山，那时他已经51岁了。慧远看了看山形地势，走到庐山东麓，用锡杖拄在地上说："如果此处可以居住，当从土中喷出泉水。"山泉果然应手而出，涌流直下而成为小溪。慧远便砍伐茅竹，建庵居住，命名为龙泉寺，半生沉浮的慧远，在庐山定居下来。

初到庐山的慧远，几乎游遍了山间的景致。史料记载，他经常来到庐山的幽谷中，共清泉流瀑之声，凝神于居石之上，冥游于物我两忘的境界，并留下唯一留存至今的五言诗《游庐山》：“崇岩吐气清，幽岫栖神迹。希声奏群籁，响出山溜滴。有客独冥游，径然忘所适。挥手抚云门，灵关安足辟？流心叩玄扃，感至理弗隔。孰是腾九霄，不奋冲天翮。妙同趣自均，一悟超三益。”这首诗写尽了庐山的超俗和他心中对佛法的了悟。他更为庐山写下洋洋六百字的《庐山记》，这被认为是迄今为止第一篇完整描述庐山景致的散文。从这一诗一文中，我们不难窥见这座奇山是如何滋养着这颗智慧的心灵迈向越来越高的证悟境界。

随着慧远在庐山讲经弘法，德业流布，往来皈依者众多。东晋太元十一年（386），久慕慧远大名的地方官江州刺史桓伊在西林寺的东边为慧远修建了东林寺。东林寺内洞尽山美，清幽离俗，清泉环阶，白云满室，又在寺内修建禅林，森树烟凝，凡是进入东林寺的人无不感到神清气爽，庄严肃穆。慧远从此再也没有离开过东林寺，三十六年间影不出山，迹不入俗，凡送客皆以虎溪为界，不过也有例外，慧远曾送陶渊明、陆修静二人，因时遇知己，话语相投，不知不觉过了虎溪，三人相视大笑，后世因而有一幅名画，叫“虎溪三笑图”。

慧远驻锡东林后，考虑到禅法匮乏，佛经不全，律藏残缺。便派出弟子法净、法领等人踏上了前往印度的漫漫征途。十多年后，这些僧人带回《华严经》等梵经 200 余部，成为庐山第一批重要经藏。今天，保存在东林寺的南北朝八方礅，记录的正是这次西行求法的壮举。

东林寺北侧后山上有一座小高台，名叫译经台。1600 年前，慧远就是在此创设了中国第一个私立佛经译场，第一个被请来的译师是古印度沙门僧伽提婆。在这里，他译出了《三法度论》二卷，《阿毗昙心经》四卷，慧远亲自作序并大力推广，由此开南方毗昙学的端绪。十多年后，又有一位叫佛陀跋陀罗的古印度高僧来到东林寺并译出了《达摩多罗禅经》二卷，这位对中国南方佛经有过诸多贡献的佛学大师此后遍游江南，最后依然选择终老于庐山，这也是他对东林寺、对慧远的深深认同。

慧远每天坚持登台讲经，每每率众行道，昏晓不绝。这种学修并重的道风，标志着中国佛教由单纯对义理的探寻向真修实证迈出了重要的一步。这在玄谈盛行的东晋，无异于一股清流，吸引着越来越多有志佛学的士人。鉴于弘法实践中遇到的种种问题，慧远先后写出了《明报应论》《三报论》

《法性论》等佛学著作，用中国读书人熟悉的语言，全面阐述了佛教关于六道轮回、因果业报、法性常住等学说，为僧团的进一步实修打下了理论基础。当还在遥远西域的鸠摩罗什看过《法性论》后不禁惊叹，在这个国度，还没有看到《涅槃经》译出，但《法性论》所说的却与涅槃佛理暗合，称赞慧远为东方的护法菩萨。据说从此，许多西域僧侣每当焚香礼佛常向东稽首，表达对慧远及其庐山僧团的敬意。

开创净土宗　德业流布寺外

慧远仪容端正，风度洒脱，神情严肃，很有威严。凡是头一次见到他的人，没有不心惊胆战的。曾经有一位僧人，手持一个竹制如意，想要奉献于大师，进山住了一夜，竟然不敢呈献，悄悄地留在大师座角而去。当世大文豪殷仲堪担任荆州刺史，上任时路过庐山，专程上山礼敬，与慧远一同到庐山北涧迎客松下探讨佛法义理，整整一天而不知疲倦。殷仲堪感叹地说："大师智慧深明，实在是难以比量！"大师也对他说："使君的辩才，就好比山中的流泉。"后人因而把这个地方叫作聪明泉。

当初，陶侃任广州太守时，有个打鱼的人经常晚上在海里见到佛的光明，如此十天之后，光明更加灿烂。渔人非常诧异，便将此事上报陶侃。陶侃察看后发现是阿育王像在发光，便将神像请到武昌寒溪寺。

一日，寒溪寺寺主僧珍，因故前往夏口，夜里梦见寺院着火化为灰烬，只有阿育王像所居之屋有龙神围绕。僧珍醒来，立即回到寒溪寺，果然寺院尽焚，唯有存放阿育王像的房子完好无损。阿育王像有威灵之事又传到了陶侃那里，当时他已调任他处，便遣派使者去迎接，数十人抬着佛像刚放到江边的船上，船就沉没了。使者很害怕想打捞上来，却始终不能如愿。

陶侃幼年雄武，但他平时为人却薄于人情。因此，在荆楚一带，流传着一首民谣：

陶惟剑雄，像以神标。

云翔泥宿，邈何遥遥。

可以诚致，难以力招。

待慧远创建东林寺后，祈心奉请，阿育王像飘然而出水面，自己来到东林寺。人们这才知道慧远的神威，恰恰也证明了那首民谣中所说的话。

东晋元兴元年（402），是中国佛教史上划时代的一年。这一年，北方长安的鸠摩罗什译出了印度净土思想的又一部重要经典《佛说阿弥陀经》；南方庐山的慧远，在这一年携僧俗道友一百二十三人，在东林寺般若台经舍的阿弥陀佛像前建斋立誓，齐心发愿，潜修念佛法门，以期共生西方极乐世界。

刘遗民著文勒石，王乔之等人作《念佛三昧诗》以明志，刘程之、周续之、雷次宗、宗炳、道敬、道生……这些莲社成员中，有的是著名隐士，有的是当世大儒，有的是名重一时的高僧，他们带着各自不同的学养，不约而同地集合在慧远的身边，专志于西方净土，立誓于阿弥陀佛像前，以澄净之心，观想极乐世界依正庄严之境，这就是佛教历史上著名的“结莲社”，净土宗正是由此发端，成为中国佛教最具影响力的宗派之一。

此次集会前，慧远率众在东林寺前栽种白莲，因而净土宗也被称为“莲宗”，东林寺也被尊为中国佛教净土宗的祖庭。慧远因为这次结社念佛，在僧俗各界的声望也达到了顶峰，这一年他 66 岁。这不平凡的一年也给后世的中国佛教带来了重大的影响。

撰写《沙门不敬王者论》　相逢罗什切磋佛法

正当慧远深居庐山安心修行之时，一件事情让他越来越寝食难安。原来，东晋初年，一位新上任的宰相代替皇帝连发了两份诏书，诏书不仅要求沙门必须遵循君臣的礼制，还指责佛教有损于传统的儒家思想。

这位宰相的观点并非空穴来风。连年的战争，让很多人躲进佛教僧团中，僧侣中出现了鱼龙混杂的局面，一些人认为这都是因为僧人不遵守国家礼制造成的。慧远认为佛门乱象确实需要整治，但这和僧人不行君臣之礼没有直接关系。而此时又有一个人找上门来，要跟慧远当面讨论沙门是否应该礼敬王者，这个人就是当朝的权臣桓玄。

桓玄是在发兵征讨他的对手时路过庐山的，他要求慧远下山迎候。慧远以生病为由拒绝了，桓玄决定亲自上山，他要看看这个身不出庐山却名闻于远近的和尚到底是个什么样子的人。史书记载，见面之后，桓玄劈头便引用《孝经》来责问慧远，慧远并没有引用佛经来反驳，而是同样引用《孝经》来阐释，慧远的回答给桓玄留下了极为深刻的印象。

不久，桓玄谋权篡位成功，准备着手整顿佛门乱象，他专门写信征求了慧远的意见，并对慧远的意见一一采纳。最后，有三种僧人留在了寺院：一种是能够畅说义理的，一种是严守戒律的，还有一种是虽然不能畅说义理，但是能熟读经书并且远离尘世的。这样的标准恰恰是对佛教最大的保护。桓玄写信给慧远，讨论沙门是否应行敬王者之礼，慧远的论点认为出家是在更大的意义上面的尽孝和尽忠，因为不光是为了小家，更是为了普度众生来奉献自己。他还专门写了《沙门不敬王者论》，最后桓玄下诏书说佛法宏大不能测，诸道人勿复致礼也。从此，沙门不敬王者，终于有了一个结论。

东晋隆安五年（401），受尽磨难的鸠摩罗什来到长安，开始了他长达 13 年的译经生涯。消息传到庐山，慧远欣然提笔，遣书通好，并赠以法物。鸠摩罗什则每书必复，两人互为宣说阐释，勉励备至，慧远带着自身的背景与佛学素养与鸠摩罗什古印度式的佛教思维积极展开接触与切磋，他们的思想如两条奔流的大河碰撞交汇，华章迭起。

慧远圆寂　净土宗信仰源远流长

东晋义熙十二年（416），慧远在般若台东龛刚刚出定，就见阿弥陀佛身满虚空。佛说："我以本愿力故，来慰告汝，汝后七日，当生我国。"又见莲社中先已往生的佛陀耶舍、慧持、慧永、刘遗民等都在佛的两侧。慧远于是立下遗嘱，让弟子们将尸骨暴露存放于松林树下，以岭为坟，就像树木倒下一样，自然风化为土。

慧远圆寂后，弟子们十分悲伤，他们不忍心遵照大师的遗命，便与浔阳太守阮侃一道，将慧远遗体葬于西岭，并砌石为塔。大文学家谢灵运，亲自为慧远作文纪念并立塔碑，这位伟大的僧人从此长眠于与他有着神奇缘分的庐山。

庐山因为慧远的到来名扬天下，且香火传续，影响至今。东林寺尽管经历多次的损毁与重建，依然能让人感受到魏晋时期的风貌。作为风范卓绝的一代高僧，他的人格、智慧和梵行 1600 年来一直影响着中国佛教，净土宗也成为当代中国汉传佛教较兴盛的宗派。

法显法师

法显（337 年 -423 年），俗姓龚，中国东晋时高僧，平阳武阳人（今山西省长治市襄垣县）。法显 3 岁出家，65 岁从长安出发至印度寻求戒律。他前后游历 30 余国，历时 14 年，76 岁时带着大批梵文经典回国，86 岁时圆寂。我国历史上著名的佛学家、翻译家、旅行家。

法显法师

法显是我国东晋时的高僧，也是我国第一位到海外取经求法的僧人。他梵行高远，志行坚定，在佛教界属于革新派人物。他以65岁高龄毅然到印度寻求梵文经典，历时14年，途经30多个国家，历经磨难，九死一生终于将律典和佛教文化引入中国，并对中国佛教历史、文化产生了很大影响。由他翻译的《摩诃僧祇律》也叫《大众律》，为五大佛教戒律之一。巴基斯坦、斯里兰卡、印度……这些他取经时经过的国家至今对他仍有着极高的评价。除此之外，他还将自己西行求法的见闻写成了一部不朽的名著——《佛国记》。《佛国记》被翻译成多国语言，是研究当时西域和印度历史极为重要的史料，受到世界学者的好评。近代学者梁启超说："法显横雪山而入天竺，赍佛典多种以归，著《佛国记》，我国人之至印度者，此为第一。"

3岁出家　胆识过人

东晋咸康三年（337），平阳郡武阳（今山西省长治市襄垣县）龚家的第四个孩子出生了。在这之前，他的三位兄长皆夭折，龚家因此也就格外珍惜这个孩子。为让这个孩子能健康成长，在他 3 岁时，便送去了仙堂寺出家，这个孩子就是法显。

也许是冥冥中和佛有缘分，法显住在寺中时就会安然无恙，接回家中就会生病，有时甚至严重到了要死亡的地步。如此三番，法显便不再回家。

10 岁时，法显的父亲去世，他办完丧事便又回到寺中。他的叔父让他必须还俗，陪伴照顾他孤身一人的母亲，法显回答说："我本来就不是因为父亲在而出家，而是为了要远尘离俗才入道修行。"听法显这么说，他的叔父便不再为难他。过了不久，他的母亲也去世了。

沐浴着仙堂寺的晨钟暮鼓，法显渐渐长大，对三宝的虔诚信仰已成为他心中最坚实的力量。一日，法显和仙堂寺的几十位僧人在田间收割稻谷（那时候的僧人不但要研究经典，学习佛法，还要田间劳作。在乱世里，这些粮食是僧人维持生计的唯一保障。）。这时，有一群从战乱地区流亡而来的难民想要抢夺这些粮食，其他的僧人都惊慌失措地逃走了，而唯独年轻的法显留了下来。

法显对那些人说："你们如果想要拿走这些粮食，就请随便拿吧。但正是因为你们往昔不懂布施，才导致今天的饥饿贫穷。如果你们今天再抢走这些粮食，来世的遭遇当比今天更加可怕，贫僧实在是为你们担心啊！"法显发自内心的话，让难民们为自己的行为感到羞愧。佛教关于因果的理论让他们的心中生起了善念，他们纷纷放下抢来的粮食，默默离开了。仙堂寺数百位僧人听闻这件事情后，无不佩服法显过人的胆识和智慧。

为求法离开故乡和长安

前秦寿光三年（357），年满 20 岁的法显受具足戒，正式成为一位比丘。戒律是佛祖释迦牟尼针对僧团所制定的纪律规定，为了约束僧侣的行为准则，给予信徒的修行现实的指导与修正。受戒后的法显对自己的要求更加严格，在行住坐卧中都会遵照戒律的规范。在今天的襄垣县仙堂寺附近的山壁上，有一个小小的石洞，据说这里就是法显结夏安居的地方。佛陀制定四月十六日至七月十五日为安居之期，在此期间，出家人要潜心修行，禁止外出走动误伤生灵，称为结夏安居。法显就是在这样一个方寸之地，度过了他一个又一个的结夏安居。

前秦建元十七年（381），年近五旬的法显第一次离开了生活多年的仙堂寺，踏上了去往长安五重寺的路。那时的长安因为道安的到来，已经逐渐发展成为整个中国北方的佛教中心。道安在前秦国君苻坚的全力支持下，在五重寺内讲学和翻译经典，弟子迅速扩张到数千人。这里汇聚了一大批优秀的翻译人才，既包括天竺西域的外来僧人，也有本土高僧。这一切都让一心求法的法显心生向往。

在五重寺里，法显开始孜孜不倦地研习各种佛教经典并遍访高僧，因为行止有度、仪轨整肃而受到众人的赞叹。一晃十几年过去了，法显也从一个默默无闻的普通比丘，成为了一名坚毅而博学的老僧。

随着王朝统治者的大力推广，佛教信徒此时已遍布大江南北。由于戒律经典的缺乏，使广大佛教徒无法可循，以致上层僧侣穷奢极欲，无恶不作。甚至在后秦建初五年（390）出现了后燕王朝的豪强吴柱率众叛乱，立僧人法长为皇帝的事情。这种以佛教作幌子，裹挟十万百姓信众，祸乱河北一带的事情，和类似的大小叛乱在随后数年里层出不穷。道安曾制订了《僧尼规范》，但是因为没有完整的戒律体系还是跟不上佛教发展的需求。再加上翻译的曲解，对律藏的误读，许多僧团为此争论不休，僧团之间的矛盾日益增加，本土佛教的自我完善，到了一个瓶颈。

那时候经书都是从天竺传来的，法显认为坐等律藏东传太被动了，不如自己前往天竺取回律藏，凭此以正众比丘之心。就这样，为了维护佛教发展，矫正时弊，年近古稀的法显毅然决定西赴天竺，寻求戒律。

东晋隆安三年（399）的春天，已经65岁高龄的法显开始从长安动身前往天竺，与他同行的还有他的同学慧景、道整、慧应、慧嵬四人。他深知，此去路程艰险遥远，无疑是一次接近死亡的冒险，但是这又有什么关系呢？法显因为这坚定的信念开启了他漫长而又艰苦卓绝的求法之路。

九死一生梵心不移

法显一行沿着丝绸之路前行，过河西走廊时，在北凉王段业管理下的张掖（今甘肃甘州），遇到了智严、慧简、僧绍、宝云、僧景五人，后来又增加了一位慧达，此时，这支西行求法的队伍已经有十一人之多了，俨然一支“巡礼团”。

他们穿越白龙堆大沙漠时，烈日炎炎，气候恶劣，上无飞鸟，下无走兽，四顾茫茫，除了死人枯骨外无任何路标，一路上无比艰辛。法显后来回忆说：“所经之苦，人理莫比。”经过十七个昼夜，终于渡过了一千五百里的“沙河”。

接着，他们又经过鄯善国（今新疆维吾尔自治区若羌县）到了焉夷国（今新疆焉耆）。由于焉夷国信奉的是小乘佛教，法显一行属于大乘佛教，所以他们在焉夷国遭到了冷遇，连食宿都无着落。不得已，智严、慧简、慧嵬三人返回高昌（今新疆吐鲁番）筹措行资，僧绍随着西域僧人去了罽宾（在今克什米尔）。

法显等七人得到了前秦皇族苻公孙的资助，又开始向西南行进，在穿越塔克拉玛大沙漠时，气候变化无常，异常干旱，昼夜温差悬殊，行人至此，艰辛无比。法显一行走了一个月又五天，总算平安地走出了这片大沙漠，到达了于阗国（今新疆维吾尔自治区和田县）。接着经过子合国，翻过葱岭（一般指帕米尔高原），这里冬夏积雪，有恶龙吐毒，风雨砂砾，山路艰危，壁立千仞。他们所经过的很多地方就连汉朝的张骞、甘英都没有到达过。

当他们到达那竭国时，慧景就生病了，道整陪他暂住。法显和慧应、宝云、僧景等人则经宿呵多国、犍陀卫国而到了弗楼沙国（今巴基斯坦白沙瓦）。弗楼沙国是北天竺的佛教中心。在这里法显的求法队伍发生了最大的一次分流，慧达、宝云和僧景在这里参访了佛迹以后便返回了中国，慧应在这里的佛钵寺病逝。但因为这里的戒律都是由当地法师代代口口传授，并没有成文经律可以抄写。法显决定继续往前，进入佛教的发源地中印度地区，去寻找佛祖的真经戒律。此刻法显的身边只剩下慧景和道整两位僧人愿意陪同他一起继续南下，寻找戒律。

当他们三人途经常年积雪的小雪山，爬到山的北阴时，突然寒风骤起，冰冷刺骨。慧景因为抵抗不住寒流而浑身颤抖到无法前行，他对法显说："我就要死了，你不要管我，只管向前走，万万不能因我困在这里都死了。"说完就去世了。法显抱着他哭道："我们一起取经的愿望还没有实现，你却先行离开，命运是如此的无可奈何啊！"埋葬完慧景后，便与道整奋然前行，翻过小雪山，到达罗夷国，又经跋那国，再渡新头河，到达毗荼国。接着走过了摩头罗国，渡过了蒲那河，进入中天竺境。法显和道整用了四年多时间，周游中天竺，巡礼佛教故迹。

东晋元兴三年（404），他们来到了佛教的发祥地——拘萨罗国舍卫城的祇洹精舍。传说释迦牟尼生前在这里居住和说法时间最长，当这里的僧人知道他们是从遥远的东土来这里求法时，都十分钦佩。《佛国记》载："彼众僧叹曰：奇哉，边地之人乃能求法至此。自相谓言：我等诸师，和上相承，未见汉道人来到此地也。"

东晋义熙元年（405），他们走到了佛教极其兴盛的达摩竭提国巴连弗邑。法显在这里学习梵书梵语，抄写经律，收集了《摩诃僧衹律》《萨婆多部钞律》《杂阿毗昙心》《方等般泥洹经》《綖经》《摩诃僧衹阿毗昙》等六部佛教经典，一共住了三年。道整在巴连弗邑十分仰慕这里有沙门法则和众僧威仪，追叹故乡僧律残缺，发誓留住这里不回国了。

法显一心想着将戒律传回祖国，便一个人继续前行。他周游了南天竺和东天竺，又在恒河三角洲的多摩梨帝国（今印度泰姆鲁克）写经画（佛）像，住了两年后又来到了释迦牟尼的出生地，位于今天尼泊尔境内的迦毗罗卫城。法显快要到达王舍城时，傍晚借宿在一寺中，当寺僧知道他第二天要经过耆阇崛山时就赶紧告诉他说："那里的路非常艰险，有很多黑色的狮子时刻等着吃人，你为什么还要去呢？"法显坚定地回答说："我不远万里而来，发誓要到灵鹫山，怎么会为了这无常的生命让我常年坚持的誓愿而废除了呢，再大的艰险，我也不怕。"众人都没能劝说住他，于是派了两位僧人护送。

到达耆阇崛山时太阳快要落山了，法显想要住在山里明日再走，两位僧人害怕，便返回寺中，法显一个人独自留在山上。他烧香拜佛虔诚诵经，到了晚上，有三头黑狮子，蹲在法显面前，不停地用舌头舔着嘴唇摇着尾巴，法显就一直诵经念佛，狮子于是匍匐在法显的脚前面，法显用手抚摸着它的头说道："如果你是来吃我的，那就让我把经诵完再吃，如果不是，你一会儿就请离开吧。”过了很久，狮子终于离开了。

然而，当法显到达王舍城中时，发现这里一片荒芜，佛法在佛祖的家乡已经凋零，怀着虔诚的心情，法显一处一处地参拜佛祖的遗迹，同时也对佛教在此地的衰败而落泪。这是法显西行途中第二次落泪，这一次为了佛祖，更为了心中的信仰和此行的信念。

东晋义熙五年（409）年底，法显来到了一个岛国——狮子国（今斯里兰卡），相传这是拥有最纯净佛法的国家。法显就住在王城的无畏山精舍，在无畏山寺的藏经室里，法显发现了很多前所未闻的佛典。他开始日夜抄写这些经典，直到东晋义熙七年（411），他用了二年时间在无畏山寺抄写完成了所有经典。求得了《弥沙塞律》《长阿含》《杂阿含》以及《杂藏》等四部经典。至此，法显身入异域已经十二年了。

在狮子国，他经常思念遥远的祖国，想着一开始的“巡礼团”，或留或亡，今日顾影唯己，心里无限悲伤。有一次，他在无畏山精舍看到一个商人以中国的白绢团扇供佛，触物伤情，不觉凄然泪下。

取经回国再次面临生死考验

东晋义熙七年（411）八月，法显携着珍贵的律藏要回程了。他回程的时候没有原路返回，而是走了中印丝绸之路中的南海海路，海路虽快，却差点让法显中途丢了性命。

返程的船还没行驶多久就遇到了暴风，船破水入。众人都非常慌张害怕，纷纷把一些杂物扔到海里。法显很担心大家把这些佛经佛像扔进海里，赶紧把随身所带的除了佛经佛像之外的物品全部抛进大海，并专心祈请观音菩萨加持。船随风漂行，就这样过了十多天，他们到了达耶婆提国。大家停在这里修船，五个月后再次登船前往广州。

船在茫茫大西洋中向着东方继续航行，对于法显来说，危险远远没有止息。在一个漆黑的夜晚，前所未有的狂风暴雨来临了。商船摇摇欲坠，危在旦夕。“坐载此沙门，使我等狼狈，不可以一人故，令一众俱亡”。船上信仰婆罗门的商人纷纷起身向法显逼近，要将法显扔入大海祭祀海神，以平息因他而起的风暴。法显依旧面色安详，他的生死，早在十三年前就已经被置之度外，此时唯一放心不下的就是中国佛教需要的经书也许就要和他一起葬身大海了。法显后来记录这点时写道：“我不顾艰险，志有所存，置生死于度外，就为达成这万一之希望。”

在这危急关头，一位学佛的居士商人厉声呵斥道：“你们如果要把这沙门丢下海那就把我一同丢下去，否则，我就是你们杀人的见证者了。中国汉地帝王奉佛敬僧，我定告诉他今天发生的事情，你们也必定会受到严厉的惩罚。”商人们听后大惊失色，随即停止了恶行。

就在船上快要水尽粮绝的时候，船行驶到了岸边。船上各人虽知已到汉地，但不知道到了汉地的哪一处，有人认为已过广州，也有人认为尚未过广州。法显上岸询问猎人，方知这里是青州长广郡（今山东即墨）的崂山。

青州长广郡太守李嶷听到法显从海外取经归来的消息，立即亲自赶到海边迎接。东晋义熙八年（412）七月十四日，崂山迎来了第一位76岁的海归者。

不惧年迈译经典并撰写《佛国记》

九死一生归来的法显稍作休整之后，新的使命又开始了。他带着佛教典籍前往东晋的都城建康时，被宋主刘裕留了下来，请其在一个叫道场寺的地方同佛陀跋陀罗、宝云等进行翻译工作。共译出《摩诃僧祇律》四十卷，《僧祇比丘戒本》一卷，《僧祇比丘尼戒本》一卷，《大般泥洹经》六卷，《杂藏经》一卷，总计翻译出了经典六部六十三卷，计一万多言。他翻译的《摩诃僧祇律》，也叫《大众律》，为五大佛教戒律之一，对后来的中国佛教界产生了深远的影响。

南朝宋永初二年（421），84岁的法显离开了建康道场寺，在荆州（今湖北省荆州市）辛寺潜心修行，并完成了《佛国记》。《佛国记》全文9500多字，别名有《法显行传》《法显传》《历游天竺纪传》《佛游天竺记》等。它在世界文化史上占据着重要的地位，它不仅是一部传记文学的杰作，更是一部重要的历史文献，是研究当时西域和印度历史的极重要的史料，得到了中外学者的高度评价。日本学者足立喜六把《佛国记》誉为西域探险家及印度佛迹调查者的指南。印度学者恩·克·辛哈等人也称赞说："中国的旅行家，如法显和玄奘，给我们留下有关印度的宝贵记载。”

时间的年轮向前疾驶着，从不会为谁而停留。南朝宋景平元年（423），法显今生的使命已经圆满，这位在佛教史上创造了伟大奇迹的高僧，在最后一次参拜了佛像之后安详圆寂了，这一年他 86 岁。

法显留给世人的除了这些珍贵的律藏和不朽的《佛国记》外，就是他以年过花甲的高龄，完成了穿行亚洲大陆又在近耄耋之年经南洋海路归国的参学的惊人壮举。这种一息尚存、锲而不舍的精神深深打动和激励了无数后人。在之后的晋末宋初，不畏路途艰险、西去求法的僧人越来越多，甚至掀起了西行求法的运动，当他们在荒漠中穿行，在艰险中攀爬时，想到法显的浩然之气，心中便无所畏惧……

菩提达摩

菩提达摩（386年－536年），150岁圆寂。南印度人，南北朝南梁时期禅僧，称达摩或达磨，意译为觉法。在南印度属贵族刹帝利种姓，通彻大乘佛法，开创东土第一代禅宗传佛心印。

达摩

达摩在我国几乎是家喻户晓的人物，世人尊称他为达摩祖师。他是印度禅宗第二十八代祖师，中国禅宗的创始人，被尊称为中国禅宗始祖。他与宝志禅师、傅大士合称梁代三大士，其著作的《易筋经》《洗髓经》更是开启了少林功夫的各种传说。正是他把禅宗传入中国，才有了今天中国佛教的较大宗门。在他传奇的一生中，留下了“一苇渡江”“面壁九年”“只履西归”等许多传说。

达摩东渡

菩提达摩，简称为达摩。他是南天竺国香至王的第三子，他和释迦牟尼佛一样属于印度贵族种姓刹帝利。据说香至王对佛法十分虔诚，因此达摩从小就能够博览佛经，每每与人交谈都会有精辟的见解。印度禅宗第二十七代祖师般若多罗尊者游化天竺国，一路弘扬佛法教化众生时，达摩被他普度众生的大爱以及深厚的佛学造诣折服，拜在般若多罗尊者的门下，成为禅宗的弟子，并发愿要将当时印度分裂的佛法思想统一起来，使佛法在印度重新振兴。

达摩得到般若多罗尊者传法后，成为印度禅宗的第二十八代祖师。师父告诉达摩："你应该去震旦（中国）传法，那里有大乘气象。"随后，达摩沿着当时的海上丝绸之路，耗时三年，抵达南海郡，在如今的广州下九路西来正街结草为庐，名曰西来庵（今华林寺前身）。

话不投机

达摩来到中国的时候，中国已经分裂为南北两个王朝。广州刺史得知达摩到来，急忙禀报金陵，南朝的梁武帝萧衍立即派使臣把达摩接到京都，在这里他们开启了一段著名的对话。

梁武帝问达摩："朕继位以来造寺、写经、立佛像、度僧等不可胜记，凡此种种，有何功德？"

达摩："并无功德！"

梁武帝："何以无功德？"

达摩："此但人天小果，有漏之因。如影随形，虽有非实。"

梁武帝："如何是真功德？"

达摩："净智妙圆，体自空寂。如是功德，不以世求。"

梁武帝："如何是圣谛第一义？"

达摩："廓然无圣。"

梁武帝："对朕者谁？"

达摩答："不识。"

梁武帝不能领悟禅机，觉得和达摩难以沟通，便闭口不再言语。达摩见如此局面，知道在此地弘法的机缘还不成熟，便叹了口气默默离开了。

其实，这样的情况也不能怪虔诚信仰佛教的梁武帝，达摩来到我国的时候，当时并没有“直指人心，见性成佛，教外别传 ，不立文字”的禅宗。这一宗派对弟子的根器要求很高，不需要教导，更不需要通过文字来理解，无法无相，靠自己领悟。释迦牟尼佛是在灵山法会上拈花微笑，开启了“不立文字，教外别传”的禅宗，大迦叶为印度禅宗初祖，禅宗二祖为阿难，到了达摩已经是第二十八代传人了。

一苇渡江

达摩走后，梁武帝把他与达摩的话一字不差地告诉了国师宝志禅师。宝志禅师是梁武帝特别敬重的一位高僧，也称为志公禅师。志公禅师听后，高兴而又遗憾地说：“达摩祖师开示得太好了，是真正的与佛心印相契，只是皇帝您没有悟到。”梁武帝听后非常后悔，立即派人去追赶达摩。

此时达摩去心已定，决定离开金陵改道北方去弘法。当他快走到江边时，忽然看见一众人马黑压压过来，隐约听到喊声“大师，请留步”。达摩知道这是为追赶他而来。追赶的士兵远远看到一江在前，横挡去路，江水辽阔，只船未见，心中暗喜。哪曾想达摩就地折下一支芦苇，轻轻掷于江中，然后脚踏芦苇，身轻如鸿，飘然渡江北去，赶上来的一众士兵见此情景，惊奇之余只能望洋兴叹。

至今，人们仍把山北麓达摩休息过的山洞称为达摩洞。江北六合的长芦镇有“长芦寺”遗址，长芦禅寺内的一苇堂，就是为纪念达摩渡江后参拜长芦寺而建的。

少林寺存有的元代寺碑，碑文下半部以梁武帝萧衍的口吻赞颂达摩，同时发出这样的叹息：“嗟夫，见之不见，逢之不逢，今之古之，悔之恨之。”以此表达了梁武帝的追悔之情。其实，梁武帝佛学造诣很深，多次住持编撰住世佛经，并亲自登堂讲授。他还四次舍身入寺，在寺内只穿法服，除此以外的物件一概摒除。他曾下诏全民奉佛，以至于梁朝时期，佛寺达到 2846 所，僧尼有 80 多万人，仅京城建康一地，佛寺就超过五百多所，其中最大的寺庙是梁武帝于公元 527 年在皇宫旁边为自己建的同泰寺。同泰寺建成后，梁武帝举行了盛大的典礼，但令人没有想到的是，梁武帝也就此舍身寺院。

面壁九年

达摩“一苇渡江”后，接下来去了哪里呢？他一路北去，北魏孝昌三年（527），他来到了北魏都城洛阳附近的嵩山少林寺。当时的少林寺并不像现在这般名扬四海，达摩来到这里之后也没有找到投机的人，且时人对他所传的禅法褒贬不一。于是，他就在嵩山五乳峰峰顶下的一个天然石洞里面壁静坐。

这个石洞临崖而凿，高、宽不过三米，长度约有两丈。洞门向阳，冬暖夏凉，洞外山色秀丽，清幽寂静，这无疑是最好的修行坐禅之地。于是，达摩便整天坐在这个石洞里面对石壁，紧闭双眼，盘膝静坐，在明心见性上苦下功夫。

达摩入定后，洞内更是万籁俱寂，飞鸟都在达摩的肩膀上筑起巢来。开定后，达摩就站起身来，活动一下四肢，锻炼一下身体，然后继续坐禅。就这样，入定，开定，日复一日，年复一年，循环不止，整整面壁了九年。据说大名鼎鼎的《易筋经》《洗髓经》，就是在他面壁期间锻炼身体时完成的，这两部经也开启了少林功夫的各种传说。

当他离开石洞的时候，据传因为日久功深，他整日面对的石头上，竟然留下了达摩的影像，衣裳褶纹，隐约可见，宛如一幅淡淡的水墨画。人们把这块石头称为达摩面壁影石，把这个天然石洞称为达摩面壁洞，一直到现在，遗址还保存完好。后人在洞前修建了一座明万历三十二年（1604）雕刻的双柱单孔石，额上南面刻“默玄处”三字，北面刻“东来肇迹”四字，洞内有达摩及其弟子的石像。

断臂求法

达摩面壁时，有一位叫神光的僧人前来求法。他是河南洛阳人，相传出生时有神光照室，故名神光。神光少年时博览经籍，尤其是老庄之说。他感叹老庄尽管高深玄奥，却依旧不能极尽妙理，于是出家为僧人，更名神光，从此遍学大小乘佛法。32 岁那年，神光禅师回到香山，放弃过去那种单纯追求文字知见的做法，开始禅定实修长达八年之久，然而依然不能解决生死问题。于是来到达摩祖师面壁之地，朝夕承侍在旁，奈何达摩祖师一心面壁打坐，根本不理睬他，更谈不上给他什么教诲。

神光并不气馁，内心反而愈发恭敬虔诚。“昔人求道，敲骨取髓，刺血济饥，布发掩泥，投崖饲虎。古尚若此，我又何人？”神光用古德为法忘躯的精神激励着自己。每天从早到晚，一直待在洞外，丝毫不敢懈怠。

时值寒冬，达摩依旧在坐禅，神光依旧站立在亭外，合十以待。谁知天气骤变，夜晚入定以后，鹅毛大雪铺天盖地压了下来，不一会儿，积雪逾尺。大雪淹没了神光的双膝，浑身上下好似披了一层厚厚的毛茸雪毯，但是神光仍然双手合十，兀立不动，虔诚地站在雪窝里。

第二天一早，达摩开定后走到门口一看，神光在雪地里站着，犹如雪人一般，浑身几乎都被积雪掩埋。

达摩问道：“汝久立雪中，当求何事？

神光回答说：“惟愿和尚慈悲，开甘露门，普度世间一切众生！”

达摩说道：“诸佛无上妙道，旷劫精勤，难行能行，非忍而忍。若以小德小智、轻心慢心希求一乘大法，只是痴人说梦，徒自勤苦，没有任何结果。”

神光听达摩这样说，为了表达自己求法的诚心和决心，他从怀中拿出戒刀，毫不犹豫地向自己的左臂砍去，只听“咔嚓”一声，一只胳膊落在地上。瞬时间，鲜血飞溅，染红了地下的积雪和神光的衣衫。

达摩被神光的虔诚感动，知道他是大法器。于是就说：“诸佛最初求道，为法忘形，汝今断臂吾前，求亦可在。”于是收神光为弟子，并为其改名为慧可。

达摩禅师以四卷《楞伽经》授予慧可说："我看中国人的根器与此经最为相宜，你能依此而行，即能出离世间。"慧可后来继承达摩祖师衣钵，成为禅宗在东土的第二代祖师。

为了纪念慧可立雪断臂，寺僧们将"达摩亭"改为"立雪亭"。清乾隆皇帝瞻游中岳时，对"立雪断臂"的故事颇有感触，挥毫撰写"雪印心珠"匾一块，悬挂于立雪亭佛龛上方，以戒后生不忘佛业来之不易。

中兴禅林

达摩继慧可之后又收了几位弟子，自此，禅宗在中国有了传法世系。达摩开始到处宣扬佛法和佛理，他把少林寺作为他落迹传教的道场，广集僧徒，首传禅宗，吸引了无数信众，这也是今天人们把少林寺尊称为中国佛教禅宗祖庭的原因。当时，北魏的皇室也很重视佛教，洛阳云集了许多佛门的人才，光统律师和菩提流支就是其中的佼佼者，这二人常和达摩辩经。

达摩在弘扬禅宗的同时著写了不少经典，其中有《少室六门》上下卷，包括《心经颂》《破相论》《二种入》《安心法门》《悟性论》《血脉论》六种。至于敦煌出土的《达摩和尚绝观论》《释菩提达摩无心论》《南天竺菩提达摩禅师观门》

等，估计大都系后人所托。弟子有慧可、道育、道副、昙林等。道育和慧可一同亲侍达摩四五年，是达摩最初门弟子之一，他从达摩学了禅法，专重个人内心修持而少对人讲说。《景德传灯录》卷三等记“达摩临终时自许慧可得髓、道育得骨、尼总持得肉、道副（即僧副）得皮”的传说，可以想见其禅学程度之一斑。达摩剃度的弟子僧副，向往岷山、峨眉的胜景，趁萧渊藻出镇蜀部（今四川）时随其入蜀，因而使禅法流行四川。

只履西归

随着达摩声望的日益提高，有僧人对达摩生起了强烈的嫉妒之心，他们将加入了剧毒的斋饭供养达摩，达摩知道饭菜有毒，依旧照吃不误。吃后叫人端出盘子，吐出一条毒蛇来。他们发现达摩没有被毒死，第二次用放了成倍毒药的斋饭供养达摩，达摩全吃了。吃后坐在一块石头上将毒药吐出来，毒性之剧烈竟然将石头震裂开来。等到他们第六次下毒时，也就是东魏天平三年（536），达摩觉得自己的任务已经完成，便欣然吃下投放了毒药的食物，端坐圆寂。

一代高僧就这样离开了，山河苍凉，鸟兽哀鸣。众僧徒悲痛之极，依佛礼将初祖大师葬于定林寺内，并修建了达摩灵塔和达摩殿。梁武帝萧衍亲自撰写了“南朝菩提达摩大师颂并序”的碑文，以示对达摩大师创立禅宗的纪念。人们在定林寺为达摩筑塔，将他安葬于熊耳山。

三年后，北魏的使臣宋云在西域见到了达摩，只见他杖挑一只鞋子向西方走去。回到洛阳，宋云将这一消息告诉皇帝，于是大家打开达摩的陵墓，只见只履空棺，方知大师已脱化西归，于是将那只鞋供奉起来，视作神物，并将定林寺更名为空相寺。

那么达摩到底活了多少岁呢？有人说他活了 150 多岁。据说他在洛阳看见永宁寺宝塔建筑精美，自言年已 150 岁，历游各国都不曾见过，于是“口唱南无，合掌连日”（《洛阳伽蓝记》卷一）。按照传说，达摩死于中国后，又前往了西域，那达摩可就不只是活了 150 多年了。

达摩究竟活了多少岁，我们已经无从考证，而那些关于他的动人的故事，代代相传，这些故事无不表达了后人对达摩的敬仰和怀念之情。这位已经证得禅宗密法的印度禅宗祖师，怀着普度芸芸众生的慈悲来到中国，开创了中国的禅宗，因为有了他的到来，才有了后来的二祖慧可、三祖僧璨、四祖道信、五祖弘忍、六祖惠能，于一花五叶，盛开秘苑，成为中国佛教重要宗派。他的思想，对于中国佛教后世的发展，甚至是中华文化，都产生了深远影响。

慧可禅师

慧可（487 年 –593 年），又名僧可，俗姓姬，名光，号神光，洛阳虎牢（今河南荥阳西北）人，得达摩衣钵真传，为中国禅宗二祖，禅宗代表性人物之一。

慧可法师

慧可在中国禅宗史上有着举足轻重的地位，他搭建起了中国禅宗文化的理论和思想的体系框架，把印度佛法教义与中国的国情相结合，使禅宗中国化，这也是对中国文化最伟大的贡献。他“立雪断臂”“天女散花”“打落牙齿和血吞”的传奇故事广为流传，也让这位禅宗二祖蒙上了神秘的色彩。他在 107 岁高龄被迫害斩首，神奇的是他的身体不腐而且散发着异香。

慧可出生　无心祖业出家修学

慧可的父亲信仰佛法，十分喜欢做善事，因为一直没有孩子，就向观音菩萨虔诚祈祷，希望能生一位儿子继承家业。就这样虔诚地祈祷了一段时间，一天晚上，突然佛光满室，把房间照耀得如同白天一样，不久，慧可的母亲就怀孕了。

十月怀胎，一朝分娩。北魏太和十一年（487），慧可出生了，为了感谢佛恩普照满室，父母就为他起名字叫神光。慧可长得聪明俊秀，见到的人无不喜爱，而且小小年纪就展现出了非凡的志气，读书过目不忘，博闻强记，广涉儒书，尤精《诗》《易》，父母十分欣慰。

然而，慧可对父母所希望的持家立业并不感兴趣，他为人十分旷达，经常在山水之间游玩。后来，因为偶然的因缘接触了佛典，深感“孔老之教，礼术风规，庄易之书，未尽妙理”，于是立志要好好修学佛法，并产生了出家的念头。父母刚开始一直劝说，后来见他心意已决，也就养儿随其志了。

慧可得到父母的准许后，立马动身来到了洛阳龙门香山，跟随宝静禅师学佛，不久又到永穆寺受具足戒。此后遍游各地讲堂，学习大小乘佛教的教义。经过多年的学习，慧可虽然对经教有了充分的认识，但是个人的生死大事对他来说仍然是个谜。

护法指点　脱胎换骨

32 岁那年，慧可又回到香山，放弃了过去那种单纯追求文字知见的做法，开始实修。他每天从早到晚都在打坐，希望能够借禅定的力量解决生死问题，就这样过了八年。有一天，在禅定中，慧可突然看到一位神人站在面前，告诉他说："你想证得圣果，就不要再执著于枯坐、滞留在这里了。大道离你不远，你就往南方去吧！"第二天，慧可感到头疼难忍，如针在刺，他的剃度师宝静禅师正想找医生给他治疗时，慧可听到空中有声音告诉他："这是脱胎换骨，不是普通的头疼。"慧可于是把自己所听到的告诉了师父。宝静禅师一看他的顶骨，果然如五峰隆起，于是就对慧可禅师说："这是吉祥之相，你必当证悟。护法神指引你往南方去，分明是在告诉你，在少林寺面壁的达摩大师就是你的老师。"慧可于是辞别了宝静禅师，前往少室山。

打落牙齿和血吞　断臂求法并乞师安心

关于慧可去找达摩，还有另外一段故事。传说达摩到广州，再从广州到南京，遇到慧可在那儿讲经。达摩听了一会儿就问慧可：“法师，你在这儿做什么？”慧可说：“我讲经呀！”达摩问道：“你讲经做什么？”慧可答：“我讲经教人了生死！”达摩于是说道：“画饼充饥，岂了生死，讲说何益。”慧可被问得无话可说，一时恼羞成怒，拿起一串念珠，朝着达摩打去，达摩未加防避，牙被打掉两颗。

因为达摩祖师是圣人，据传说，圣人的牙被人打掉，若是吐在地上，就要三年不下雨。达摩慈悲为怀，把这两颗牙硬给吞了下去，这就是现在的“打落牙齿和血吞”的成语。之后，经提醒，慧可方知达摩为得道高僧，追悔莫及，赶到熊耳山去找达摩，跪地忏悔。故事是否真实，有待考证，这个传说也充分说明了民众对达摩慈悲的认可。

慧可来到达摩祖师面壁之地，朝夕承侍。后在大雪纷飞之日，以断臂之诚，感得达摩收其为弟子，并改名为慧可。断臂求法的故事在本书达摩篇章中已有详细的阐述，在此就不重复了。

一日，慧可禅师问道："诸佛法印，可得闻乎？"

达摩道："诸佛法印，非从人得。"

慧可听了很茫然，便说："我心未宁，乞师与安。"

达摩回答道："将心来，与汝安。"

慧可沉吟良久，回答道："觅心了不可得。"

达摩于是回答道："我与汝安心竟。"

慧可禅师听了达摩的回答，当即豁然大悟，心怀踊跃。原来并没有一个实在的心可得，也没有一个实在的不安可安，安与不安，全是妄想。

慧可开悟后，继续留在达摩的身边，时间长达九年。达摩圆寂前，要求诸弟子各言其悟道心得。道副、道育等发表了自己的见解，但都没有得到达摩的肯定，唯独慧可向达摩礼拜后，依位而立，达摩说："汝得吾髓。"于是将禅宗衣钵传予慧可，并对慧可说："昔如来以正法眼，付迦叶大士，辗转嘱累而至于我，我今付汝，汝当护持。"随后，达摩便将代表禅宗法印的袈裟和四卷《楞伽经》传给慧可，慧可就此成为了中国禅宗二祖。

一音演畅　四众皈依

之后慧可曾在当时政治、文化中心洛阳一带从事弘法活动，天平初年（534），北魏从洛阳迁都邺城（今河北省邯郸市临漳县西），慧可也来到了邺城弘法。然而，慧可的弘法并不顺利，主要是因为魏晋南北朝时期，大量佛教经典在我国翻译，随着佛经的广泛传播，民间传授佛教经典和布施以求功德之风盛行一时。当时统治者投入了巨大财力和人力，在洛阳、云岗等地大量开凿石窟，雕刻佛像，南北朝统治者都将兴建寺院作为稳定社会的一个主要手段。在这种情况下，慧可所传的以心传心、不立文字、教外别传的禅宗被视为“魔语”，不被当时社会所接受。

慧可深知禅宗在当前环境下不易传播，于是乃从容顺俗，静静地等待弘法的因缘时节。北齐天保初年（550），有一位 40 多岁的居士来拜见慧可，虔诚礼拜后说道：“弟子身患风疾，请和尚为我忏悔。”慧可说道：“把你的罪对我说，我为你忏悔。”来者沉思片刻说：“我还说不出我的罪究竟在什么地方。”慧可说：“我已为你忏悔过，你最好皈依佛法僧三宝。”居士说：“你让我皈依三宝，关于僧，我今天见到了和尚，已经明白了它的含义。但是，我还不明白佛和法的含义。”慧可告诉居士：“是心即佛，是心即法。佛与法一体不二，心外无法，心外无佛，僧宝亦复如此。佛、法、僧三宝，皆依一心而立，同体而异名，非内非外。心就是佛，心就是佛法，心和佛法是一个不二的整体。”居士听了慧可的开示，豁然开朗，欣喜地说：“今日始知罪性不在内，不在外，不在中间，如其心然，佛法无二也。”慧可闻言，十分喜悦，知道此人为大法器，即为剃度，高兴地说：“你正是我要找的人，今后你的法名叫僧璨。”

僧璨出家后受足具戒，常伴随慧可左右。从这件事可以看出慧可倡导的“是心是佛，是心是法”的修持法门，他立场坚定地反对学人对佛祖的崇拜和对佛教经论的依赖，强调自证自悟，从自己的心灵深处找到烦恼的根源，从而达到智慧的境界。

北周武帝在位期间，为维护统治阶层的利益，他在吸取北魏孝武帝灭佛教训后，经过十余年的精心准备，于建德三年（574）下令灭佛道二教。诏令300万僧人还俗，烧毁1万多座寺院，砸毁佛像。那年慧可已经88岁了，为保存和传扬禅宗，已年逾古稀的他不得不离开当时的佛教中心，辗转南移，于北周武帝期间，来到今太湖县牛镇镇境内薛义河旁的狮子山。并在狮子山一带山民的暗中保护下，开辟道场，静候时局的变化。

慧可在太湖县狮子山开设禅宗道场，禅宗文化就是在太湖县这块土地上艰难地开始了本土化进程，因此，太湖县成为了中国禅宗文化的发祥地。“天下禅宗，根在太湖”的说法，也是这个缘由。相传慧可在狮子山期间到邻近的司空山传扬禅宗时，曾多次路过今百里镇松泉村境内三千寨（今三千寺）的狮子口，并在此坐禅。如今，三千寨一带仍流传着慧可在此留下的偈颂：“涉过荆阳碧湖中，仰天摘月在绝峰。神光喜若盘圣地，断臂缘分此山行。”

慧可的弟子僧璨随他南遁隐居，往来于司空山和天柱山之间长达 15 年之久。后慧可在司空山（原属太湖县，1936 年划归岳西县）传衣石旁传法予三祖僧璨时，并反复嘱咐“你受吾教，宜处深山”，指明了禅宗的发展空间在山林，离开了山林，禅宗就无法发展。三祖僧璨牢记慧可教诲，隐居在舒州的皖公山（今安徽省潜山市天柱山），“往来太湖县司空山，居无常处，积十余载，时人无能知者”，并传法给四祖道信，使禅宗在极其艰难的环境下，得以传承和发展。

慧可传法给僧璨后就离开了太湖，再次前往邺城。由于此时邺城还不具备传扬禅宗文化的氛围，慧可变易仪相，随宜说法。慧可不只度化机缘成熟之人，还特别悲悯一些从事杀业、赌场等花天酒地的人，为了度脱他们，他一改往常博学、高远的形象，常常出入市井这些地方，如此长达多年，度脱的人不计其数。

曾经有人质疑道：“师父，您是个出家人，出家人有出家人的戒律，您怎么不守戒律，净是出入这些不干不净的地方呢？”慧可回答道：“我自调伏我的内心，这不是你能操心的，还是不要去管这些了。”

民间流传着很多他的故事，传说慧可行化至于王庄（今邯郸市成安县）时，王庄正闹瘟疫，死亡者很多。巫婆神汉乘机蛊惑人心，说有妖孽作祟。慧可到来后立即开药诊治，愈者无数。自是无人再去祈求巫师，巫师因此恼怒，于深夜间欲加害慧可，被村民捉住，村民们都非常愤怒，想要把巫师打死，被慧可制止了，教育了巫师之后就将他放走了。村民疾患皆痊愈后，慧可告别村民，前往他处游化。他离开时村民扶老携幼，相送一程又一程，村民感慧可之恩，因而改村名为“连送村”，至今沿用。

慧可精通一乘的宗旨，有许多人慕名前来问道，他诲人不倦，随时为大众开示禅法心要。他讲法善于根据听众对象需求而讲，听者无不信服，随着时间的推移，知道他的禅法的人日渐增多，他也道誉日隆，前来皈依者不计其数。

慧可被害 馨德流芳

隋开皇九年（589），慧可来到邯郸成安县的匡教寺讲授禅宗学说，一到山门，即有百余只喜鹊飞来相迎。

当时在不远处的圣山寺有一位叫辩和的僧人，也在讲述佛学。由于禅宗的学说非常接近世间的哲学，听慧可讲学之人逐渐增多，甚至到了大众竞相听法、车马塞途的盛况，就连辩和的很多徒弟也纷纷跑到慧可之处去听讲。

当时是春天，说法台下的一池莲藕，竟开出鲜艳的莲花。在他宣讲无上道时，空中竟然出现了天女散花的胜景。还有人发现一位面目狰狞的官员在暗处认真听讲，仔细看，分明是庙宇中常见的阎罗王。慧可讲法，信众云集，瑞相屡出，这让辩和颇为嫉妒。

辩和于是要求匡教寺住持撵走慧可，遭到住持拒绝后，辩和不由心生恶计。他备了厚礼，找到了成安县令翟仲侃，翟仲侃乃行伍出身，为人狠毒、暴戾，又爱财好货，贪赃枉法，但是他伪装良善，也曾假模假样来寺听法，与辩和常有来往。

辩和告诉翟仲侃："最近，匡教寺来了一位离经叛道的老僧，他标新立异，散布异端邪说。农夫辍耕，商不启户，整天围在他的身边听讲，分明是一大隐患。北魏时有和尚法庆，名曰教人修行大乘佛教，实则聚众造反。今日慧可又自号大乘，实乃意图不轨。”翟仲侃本是个粗莽武夫，听了辩和一番谗言，顿觉非同小可，便立即令衙役速到匡教寺，传来慧可，刑讯逼问，慧可昂然挺立，面不改色。翟仲侃与辩和狼狈为奸，欲置慧可于死地。二人谎称慧可是妖僧，罗列了慧可的“十大罪状”，将案情上报州府。州官看这十条罪状足够叛斩，并未细审，立即派人快马加鞭急奏朝廷。隋文帝初定天下，担心聚众生变，于是下令将慧可斩首处死。

隋文帝开皇十三年癸丑岁（593）三月十六日是107岁的慧可行刑之日，行刑之地在邯郸东南12公里的成安县。远近百姓听闻，知慧可蒙受大冤，皆扶老携幼前来送别，大家手捧茶壶茶盏，以茶代酒，为慧可送行。慧可接过茶盏，一饮而尽。他道一声“阿弥陀佛”，然后缓缓说道：“达摩祖师曾教诲于我：本来学佛持戒，无害于人，却遭众多苦难，为什么？应从往劫中查找根由。今虽无犯，却是前世造下的孽债啊，所以老衲今日受刑，乃偿还多生累劫之旧债，我之受戮，若能使与我有冤缘之人得以满足，我也就满足了，我甘心受之，并无怨诉。你等亦不必悲伤，切勿产生他念，做出非常之举。唯望诸位一心向佛，学道进德，精勤修持，我愿足矣！”众人跪拜道：“谨遵大师教诲！大师走好！”慧可点点头，露出欣慰的笑容，然后大步登上行刑台，从容引颈就戮。

慧可被斩首后，尸首流出白乳，肉色如常。县令下令将慧可尸首暴尸于城南荒野数日。尸体不但不腐，反而散发出奇异香味传播得非常遥远，民众议论纷纷，翟仲侃深感恐惧，下令将慧可尸体投入漳河。不料慧可尸体竟然盘坐在漳河水面上，逆流而上 18 里至成安县芦村停下，被徒弟等人将其打捞上岸后安葬在成安芦村村北，即现在的成安县二祖村。

慧可禅师的弟子为洗去慧可蒙受的不明之冤，通过多种途径多次上奏朝廷为慧可鸣冤。隋文帝本身就信奉佛法，经过多次了解后，隋文帝追悔莫及，曰：“此真菩萨。”传旨重新调查慧可被杀事件，对渎职官员严加惩处，并祭祀慧可，同时赐慧可“正宗普觉大师”。贞观十六年（642）唐王李世民派尉迟敬德监工为慧可修寺建塔安奉舍利，宋仁宗时钦赐寺名为“广慈禅院”，宋哲宗时又赐寺名“元符寺”。

正是慧可立雪断臂，禅的法脉才得以流传，此后更如开源的大河流般向前奔流。慧可是中国禅宗文化的开拓者，他继承达摩禅宗衣钵后，在极其艰难的环境下，集毕生智慧和精力，充分汲取了中华儒家、道家及玄学等本土文化精华，开启了将达摩印度禅转化为具有中华特色禅文化的历程，他的禅学思想对中国禅宗文化的传承和发展影响深广，为我国禅宗文化的发展传衍指明了方向。从唐到宋，我国历代禅宗大师牢记慧可的“你受吾教，宜处深山”的教诲，以山林为基地，远离官府，农禅一体，发扬“一日不作，一日不食”的祖训，在生活上自给自足，这在社会动荡的年代，确实有力地推进了禅宗文化的发展。时任中国佛教协会会长赵朴初在实地考察了狮子山后感叹地说，“没有慧可，就没有中国禅宗。他不仅影响整个中华文化，而且逐渐影响着世界文化”。

真谛法师

真谛（499 年 -569 年），印度优禅尼国人，精通大乘佛教。在南北朝梁武帝时，真谛携带大量梵文经典，乘船来到梁都建康。时局动荡中译经不辍，最终奠定了摄论的兴盛，开创了摄论学派（后衰微绝传）。他与鸠摩罗什、玄奘、不空并称为我国著名的四大佛经翻译家。

真谛法师

真谛将近 50 岁来中土时，正是时局动荡、战乱不停的年代。他栖无定所，四处漂泊，随方弘化，译经不辍。从梁朝到陈朝，历经 23 年，翻译经典 64 部，278 卷。其中著名的有《无上依经》《十七地论》《摄大乘论》《俱舍释论》等，译经之多，为同时期译经家所不及。虽然这些翻译数量与他的目标还有很大的差距，但是丝毫不影响他成为中国四大译经家之一。

携万卷经书来到东土

真谛原名拘那罗陀，是印度优禅尼国人（位于印度之古吉拉特以东，即今乌贾因），他风神俊拔，气宇清肃，少时遍访众师，学通内外，尤精于大乘之说，且立志弘扬佛法。来华之前，他在印度已经非常有名望了。

梁武帝在大同年间（535 年 –546 年），派直后（官名）张汜送扶南国的使者返国，并让他们礼请高僧大德和大乘诸经回国。扶南国便请真谛来华，真谛早就耳闻梁武帝利生济世，虔信三宝，便欣然同意，带着经论梵本二万余卷满怀信心地向东土而来。

真谛一路跋涉，沿途若遇到寺院就会停留下来了解中国文化，为接下来的译经大业积累素材。一直到太清二年（548）八月，方才来到梁朝都城建业（今江苏南京）。梁武帝非常欢迎真谛的到来，交流后发现他对佛法有深厚独特的见解，就愈发敬重，将他安置在宝云殿，竭诚供养。

当时的梁武帝并不满意前、后秦一些经典的翻译，于是把重新译经的重任放在了真谛身上。当时佛教传入西域，主要有两条线路，一条是南线，翻越帕米尔到于阗再向东走；

另一条是北线，先到疏勒再到龟兹。从地理位置上看，佛教先传入西域，中原的佛教是经过中亚和西域许多国家一站一站接力传递过来，正因为如此，当佛经拿到汉僧手上时，往往是经过了层层转译，由不同的中介文字写成，当它再被翻译成汉文时，错讹和附会之处难免比比皆是。而西域国家的情况就好得多，一方面，它们本身就直接或间接借用了古代印度的文字或语言，另一方面，在人种构成和社会风俗上也要相近得多。所以梁武帝充分相信这位来自遥远地域的高僧定不会辜负自己的期望，真谛也相信在当朝国君的支持下，他一定能完成此行的目标，那就是把从印度带来的所有经书翻译完毕。

颠簸动荡中的译经事业

然而，接下去发生的一切让真谛始料未及，也打乱了真谛所有的译经计划。在他到来的第二年就爆发了历史上著名的“侯景之乱”。曾经被梁武帝萧衍收留的东魏叛将侯景，因对梁朝与东魏通好心怀不满，以清君侧的名义起兵叛乱，攻占梁朝都城建康，将梁武帝囚禁在台城净居殿活活饿死。城门失火，殃及池鱼，朝代的动荡，迫使真谛不得不搁置译经事业，离开都城，继续东行。

当真谛来到富春县（今浙江省杭州市富阳县）时，县令陆元哲早就听闻真谛的事迹，对他也十分钦慕，于是迎请真谛住在自己的私宅，并为他召集沙门宝琼等二十余人，创立译场，这是真谛此行东土的第一次译经。然而刚翻译完《十七地论》《中论》等五卷经书后，因国难未停，时局更加动荡，目之所及一片兵荒马乱之象，在这样的大环境下，真谛的翻译事业不得不又一次中止了。

大宝三年（552），真谛应侯景之请回到建业，住于台城，那时的侯景已经称帝。在台城期间，他虽然也受到礼遇、供养，但时局动荡，内乱不停，译经事业始终无法开展。不久侯景兵败东遁，梁元帝即位，改元承圣，建业地方秩序逐渐恢复，他迁往正观寺，和愿禅师等二十余人，开始翻译《金光明经》。

承圣三年（554）梁元帝逝世，在这之后一直到陈武帝永定二年（558），真谛转徙各地，足迹遍及豫章（今江西南昌）、临川（今江西抚州）、晋安县（今福建省南安）等地。到达晋安时，他从丰州金鸡港上岸，住南安九日山延福寺三年。在这期间讲佛、播道、译经。在北宋端拱年间曾会撰的《重修延福寺碑铭》中记载："古金刚经者，天竺三藏拘那罗陀……泛大海来中国，途经兹寺，因取梵文，译正了义，传授及今……"在南安的三年中他翻译了很多经典，其中有著名的《金刚经》。九日山至今犹存拘那罗陀“翻经石”古迹，记载了拘那罗陀译《金刚经》之典故。

转眼之间，真谛到中国已经十多年了。当时已经60岁的真谛，栖无定所，生活极不安定，但仍随着因缘所在时刻翻译经典，传播佛法，从来没有停止过。面对动荡的译经事业，他深深地感受到了什么是时道不济。于是，他决定离开中国到楞伽加国（今斯里兰卡）去，因道俗二界极力挽留，他才放弃离开的计划，在南越（今广东一带）与前梁法侣僧宗、法准、法忍等重新核定所翻诸经论。遇有文义相背者，即予以修润、订正，使得文旨流畅通顺。

真谛译经的态度极其严肃认真，特别注重准确表达经典的原义。他采取随出随书的方法，一章一句都要认真推敲，反复核实，把意义吃透了，才动笔成文。为了保持文义的准确无误，有时不得不牺牲文辞的通畅优美，所以他的译文，具有文质相半的特点，有的地方甚至难免有晦涩难解的缺点。

文帝天嘉二年（561），真谛再一次深感漂泊异国他乡，理想难以实现，心绪颇不平静，于是搭乘小舶到了梁安郡（今福建省南安市一带），准备换乘大船返回印度。学徒闻讯，纷纷前去劝请，太守王方奢也出面极力挽留，由于盛情难却，真谛只好暂时住在海边，等待机会返回印度。

天嘉三年（562）九月，真谛返程心意再起，且心意决然。他搭乘大船向西航行，然而也许是业力所感，大风又把船吹回了广州。十二月中旬，登上中国南海岸的真谛，受刺史欧阳頠延请，住在制旨寺。欧阳刺史又请他翻译经典，念此业缘，加之西返无望，真谛就和沙门慧恺等人，翻译《广义法门论》及《唯识论》等。第二年，杨都建元寺沙门僧宗、法准、僧忍律师等，听闻真谛新译经典，很是推崇，故不远万里，翻山越岭，前去慰问、请益。真谛很是欢欣，就为他们翻译《摄大乘论》等，前后达两年之久。

显现神通众叹服

真谛平时生活清苦，在广州时常常独自住在别有洞天之"四绝水洲"上，衣食之奉，节俭知足。"四绝水洲"顾名思义，四周都是水。欧阳纥（欧阳頠之子）有时想去拜访他，但是眼前波涛汹涌，又无船只往来，只能望洋兴叹，不敢贸然向前。那真谛来回是怎么出入的呢？原来真谛就敷设坐具于海水之上，双腿盘起结跏趺坐，就好像乘船一般，出入自如，虽然波涛滚滚，而坐具不湿。有时又用荷叶为舟楫，踏着荷叶飘然而至。每当真谛飘然来到此岸迎接欧阳纥和其他宾客时，众人都十分惊叹。

真谛的弟子宗恺等人长期侍奉左右，全力支持真谛译经弘法事业。宗恺等从学既久，对真谛之学很能领会其大旨要义。一天真谛一直叹息，宗恺问其原因，真谛说："你们如此竭尽全力地护持弘扬佛法，实在让我感动，无奈时运不济，妨碍了我东来弘法的本愿。"宗恺听后悲从心起，泪流不止，跪在师父面前说道："师父传授的佛法是超凡脱俗可以度脱众生解脱烦恼的大法，众生却感受不到，我们又怎么能眼看着让这样好的佛法沉没消失呢？"真谛用手指向西北说道："那里也有大国，我们死后，法定会在那里得到弘扬并流传，只是我们不能亲眼目睹那些盛况了，所以我才叹息。"后来真谛学派的发展也正如真谛所预言的那样。

翻译成就为同时期最多

据《唐高僧传》载，真谛翻译经典的数量共六十四部、二百七十八卷，翻译数量之多，在那个时期没有哪位译经家能比得上。他的翻译，大都保存了原本的面目，文字虽然有些艰涩，或杂入他自己的解释，但从其师承来说，大体是正确的。又真谛传译主要经论大都经过讲解，弟子们记述师义，通称疏、释，亦称注记或本记，总计属于撰述者达二十余部，可见他不仅是著名的翻译家，也是极渊博的义学大师。这些疏记上保留了大量印度解释经论的传统学说及有关文献，是非常有价值的研究资料，可惜都散失不传，仅于后人著述称引文中略见一斑而已。

他所译出经论有《十七地论》《决定藏论》《摄大乘论》《中边分别论》等印度瑜伽行派的论书，另译《俱舍论偈》《俱舍释论》以及《大乘起信论》《如实论》等如来藏系统的论书。诚如《唐高僧传》卷一所言："自来东夏，虽广出众经，唯偏宗《摄论》。"这说明真谛三藏最为致力的还是《摄大乘论》的译出与弘通，他较系统地介绍了大乘瑜伽行派的思想，特别是所译《摄大乘论》影响最大，后来南朝学者以此为理论依据，形成了摄论学派。

真谛圆寂

岁月不居，时节如流。转眼之间真谛已经到了 70 岁的古稀之年，有感于人生浮沉、世俗浮杂，他认为自己该离开了，于是便登上了南海北山，准备在那里圆寂。当时弟子智恺正在讲述《俱舍论》，听到这个消息后，急忙赶到北山劝阻，广州刺史也派人前去护卫，道俗二界许多人都纷纷赶去劝阻，一时间，北山上人山人海，真谛在北山上居留了三天，才回心转意，被迎请到王园寺。

其弟子僧宗、智恺等僧人认为真谛屈居在这里确实不能施展师父弘扬佛法的抱负，于是便上奏皇上，请真谛到都城建业去弘扬佛法。然而京城的一些权贵，担心真谛的到来会夺取他们的荣华富贵，便告诉皇帝说真谛在南方所翻译的佛典大多是宣扬无尘唯识的理论，很容易障蔽国风，违背朝廷的治理政策，并不适宜提倡弘扬。皇帝听从了这些建议，于是真谛在南方所翻译的经典也就无法得到弘扬，回建业的提议也没有得以实现。

同年八月，真谛十分看重的弟子智恺因病而去世，其所讲《俱舍论》还没有到一半，真谛十分悲痛。他唯恐《摄论》和《俱舍》从此无人弘传，特地邀集道尼、智敫等十二人，勉励他们誓弘二论，不要让它们失传断绝。之后，他接着讲《俱舍论》，哪知讲到第五《惑品》时，又因为生病不得不中途停止。

第二年，太建元年（569），真谛留下一纸遗嘱，于正月十一日午时圆寂，世寿 71 岁。这位曾满怀志向、不远千里来中国弘扬佛法的一代高僧从此长眠于中国的土地上。他在遗嘱里主要讲述了因果循环之理，而他对时运的不济，也已超然释怀。

真谛圆寂后，弟子们牢记师父嘱托，到各个地方弘扬真谛的学派，一时间，形成了摄论师学派。真谛的弟子也都受师父的影响，勤奋禀学，晨夕不懈，形成一种刻苦笃实的学风。随着陈灭隋兴，摄论师学派传入了北方，北方《摄论》一时大兴，达到了空前的盛况，正如真谛生前预言的那样。

真谛自梁武帝大同十二年（546）来到东土，到陈宣帝太建元年（569）圆寂，先后23年。在这些年里，他遭逢世道动乱，居无定所，却依然守志，坚持译经，成为中国四大译经家之一，有力地推动了中国佛教的发展。然而他时值动乱之秋，缺乏得力的助手，没有把从印度带来的佛经二万余卷译完，实属真谛和佛教界的一大憾事。

慧思大师

释慧思（515 年 –577 年），南北朝时高僧，俗姓李，河南上蔡县人，世称南岳尊者、思大和尚或思禅师，中国佛教天台宗第三代祖师（以龙树菩萨为初祖，慧文尊者为二祖）。

慧思法师

在中国佛教史上，慧思是大乘禅学最重要的开拓者和奠基者之一，他开创了以大乘如来藏思想为根本原理，以《法华经》为宗经，以禅法（止观二门）统摄全体佛法的大乘新禅学。他是中国佛教史上极具开拓精神的一代高僧，艰苦卓绝，为法忘躯，屡遭陷害而道心不移。他是最早主张佛法在末法时期应确立对阿弥陀佛与弥勒佛信仰的倡导者，他的这一思想，至今都深深影响着中国佛教界。他也是天台宗创始人智顗大师的师父，被后世天台宗人推尊为三祖，备受敬仰，并因此受到近代以来佛教内外僧俗学者的广泛关注和深入研究。

神僧入梦　慧思出家

北魏延昌四年（515），河南省上蔡县李姓的一户普通人家里，一个婴儿呱呱落地，嘹亮的哭声响彻在院子里，添丁的喜悦洋溢在这户人家的脸上，没有人会想到这个婴儿将成为天台宗的第三代祖师。

慧思自幼秉性仁厚而聪慧，小小年纪就以德行知名乡里。有一天晚上，幼年的慧思在睡梦中梦到一位仪态不凡的僧人劝他应当以出家为志向，追求解脱，弘扬佛法。梦醒后，慧思若有所感，萌生了出家的念头。

北魏孝庄帝永安二年（529），15 岁的慧思在双亲恋恋不舍下毅然出家并受具足戒。慧思出家后，每天只吃一餐饭，不接受其他的供养。一日，慧思见同伴中有人读诵《法华经》，便借来读诵，他在山林幽静的坟堆旁边专注读诵，一时有所感悟，忍不住对经悲泣。当天晚上在睡梦中见到相貌庄严的普贤菩萨骑着威武的白象王来到他的面前为他摩顶。醒后发现摩顶的地方居然隆起了肉髻。从此慧思诵经通达，佛学义理大有长进，他专诵《法华经》，日夜精进，短短几年内，八万余字的《法华经》就诵了一千遍。

精进不怠　终至开悟

慧思精进修行，人们见到他都非常恭敬，但也难免有一些善根浅薄的人对他不屑一顾，甚至十分轻视。一次，一个粗野的无赖之人见慧思和一般人无二，却有这么多人恭敬他，嫉妒之火从心底生起，于是就趁着慧思不注意的时候，一把火把他居住的小庵堂给烧毁了。

慧思失去住所，然依旧持经如故，而放火之人不久就得了疠疾，用尽药物依旧无法康复，在旁人的提醒下知道自己不该焚毁出家人所住的庵舍，于是来到慧思面前，诚心诚意地向慧思道歉忏悔，说也奇怪，他的病在忏悔后竟然不药而愈。于是，他虔诚地修建了草庵，请慧思居住。

慧思因为所受的戒仪轨不够完善，未能得戒体，曾在睡梦中感应数百名穿着异装的印度僧人，为首的上座比丘教诲道："你以前所受的戒，仪轨不尽完善无法开正知见，因缘际会，今天你遇到的都是清净大众，正好设坛恭请四十二位大德为作如法羯磨，成就你的具足戒体。"梦境非常真实，慧思惊醒过后才发现原来是在做梦，自此以后更加精进，专注一心，一门深入。

东魏孝静帝天平元年（534），慧思读诵《妙胜定经》后，发心修定，遍访明师善友。听说北齐慧文禅师“聚徒数百，道风清肃，僧俗共钦”，前去拜见。慧文禅师禀承圆顿一乘悟修之法，不向外学，专究内心，以其本具的智慧开启天真的佛性而独悟圆旨。慧文曾经受学于大、小乘等多位法师，但他的开悟，却是得法于印度的龙树菩萨。也就是说慧文所契悟的法，并非承自当时受学的诸师，而是依据印度龙树菩萨的《大智度论》及《中论》。

慧文见慧思气宇非凡，知道他堪当法器，就口授观心之法。慧思如获珍宝，精进不止。他白天随大众忙于常住的事情，晚上则通宵达旦地坐禅。慧思修习禅定，将身子束缚着，坚持三七日不倒单（21 天夜间不睡觉精进修行），很快引发初禅，见到一生中的善恶业相，于是更加精进，然而禅障却在这时忽然出现，使他四肢酸软无力，无法行走，禅修也变得力不从心。

慧思随即开始自我观照，自思现在的病都是从业障生起，业障则是从心而生，本来没有外境，心若清净则业障无从生起，他这样观想后心性自然而然清净起来，感觉自己身体所承受的苦都消除了。夏天结束，慧思反省自己禅修一无所获，十分难过和惭愧，于是放松了身体，就在放松的一刹那，忽然开悟得法华三昧，所有大乘一切法门全部通达，内心疑虑豁然冰释。

开悟后的慧思游行各州，随从他学习禅法的徒众不断增加，自此声誉远播。为了给徒众讲习禅学，他从大小乘经论中搜集有关法门加以贯穿解说，所讲禅法能够引发智慧、穷究实相。慧思的禅学思想重视般若，这和他亲承慧文的传授有关，慧文提倡定慧并重的禅法，慧思得其真传，并结合自己对于《法华经》的领会，在禅学的理论和实践上，又提出了独到的见解。

屡遭陷害　道心弥坚

北齐天保元年（550），36 岁的慧思影响越来越大，因此引起了一些外道的嫉妒，他们把毒药放在慧思的食物里，慧思吃后命垂一线，在生命的最后一刻，慧思放下一切至心念诵般若波罗蜜，所中之毒竟奇迹般地消散了，而徒众中则有三人因中毒致死。

天保五年（554），慧思带领徒众南下隐居，第一站到光州，正值国家内乱，前行的路被堵塞，慧思因此入住大苏山。大苏山地处于陈齐边境，是兵家必争之地，因受战乱的影响，佛法在这里十分衰退，能留在大苏山的修行者，都为了佛法早已将生死置之度外，所谓“朝闻道夕死可矣”。慧思在大苏山的数年苦行卓绝、梵行高远，冒着危险前来跟从修学的佛子络绎不绝，他经常向弟子们开示说：“道源不远，性海非遥，但向己求，莫从他觅，觅亦不得，得亦非真。”

陈永定二年（558），44岁的慧思在光州齐光寺实现了写金字经本并贮以宝函的心愿。他极重视这件事的完成，特撰《立誓愿文》，叙述自己出家学道、习禅以及在各地游化屡遭诸异道扰乱毒害而发心写造金字经本的因缘，立誓修禅解脱法、得神通力、弘扬般若、广度众生的大愿。全篇文字雄劲，护法之念深厚，足令惰夫起振。这篇《立誓愿文》的流传，引起了远地信众的归仰，远来归从他的人日益增多。天台宗的创始人智顗（智者大师），就是在这时期不避战乱，远来光州跟随他修学佛法。

慧思每每讲经，即随文释义，曲尽幽玄。他让弟子智顗（即智者大师）讲经，每有疑问便详尽解答。当智顗代讲《大品般若》时，讲到一心具足万行处，慧思特别指示说,《大品》所讲还是次第义，到《法华》才讲圆顿义。这对于智顗后来创立以《法华》为中心的天台宗学说，起了决定性的影响。

由于慧思的名声越来越大，归投的人也越来越多，日久难免鱼龙混杂，并由此生出很多是非和流言。慧思对徒众说：“佛陀住世时流言蜚语尚且不能避免，更何况我这样无德之人，亦难逃此债。”陈光大二年（568），战火更加频繁，烽火之警频频响起，住在这里的僧人们心中惶恐，慧思就将四十余僧人转移至南岳。

大众来到南岳衡山一处风景秀丽的处所，这里林木苍翠，环境清幽，令人心旷神怡。慧思说："这里曾经是古寺，我过去曾在此居住。"大众依照慧思所说挖掘，果然见到殿堂地基和僧众所用器皿。大众又来到一处岩石之下，慧思说："我曾在此坐禅，贼人斩我头，我在此命终，有全身遗骸在。"大众寻觅搜拣，果然获得枯骸一具，慧思将枯骨造塔供奉，以报昔日之恩。

一日，慧思登上祝融峰（南岳衡山主峰，也是南岳七十二峰最高峰，位于南岳古镇北面），遇见岳神正在这里下棋，岳神看到慧思，作礼问道："大师为何事来到此地呀？"慧思回答说："我来是想求檀越施舍一块能够敷展坐具的地方。"这是一种婉转的说法，实际上就是要求布施一块庙基地。岳神回答："好的。"慧思于是便将锡杖飞出，打算锡杖所停之处造寺（今福岩寺），岳神一看着急地说道："今天大师将这里的福地选走了，我住在哪里呢？"慧思便用神力转动一块像鼓一样的石头，石头遇到平地就停止了滚动，在这里建岳神庙，塑造的岳神像就如坐在石鼓上一样（今上封寺）。随后，慧思在岳神的请求下为他授戒并传授了佛法的核心要旨。

陈太建元年（569），九仙观道士欧阳正则发现南岳有一股吉祥之气，于是召集众人说："南岳这股吉祥之气主褐衣法王，如果佛法兴盛，我们的法必定衰败。"当时南岳衡山是道教圣地，道教的"三十六洞天，七十二福地"有四处位于衡山之中，且当时衡山的道教势力非常强大，对初来乍到的慧思自然十分排斥。于是以南岳九仙观道长欧阳正则为首的道士，为争夺南岳发生了一场激烈冲突。

欧阳正则安排人凿断岳心，埋入兵器、钉石等作巫蛊事，为把事情闹大，欧阳正则还带领 14 名道士赴京城告御状，诬陷慧思私藏兵器，是北齐派来的间谍。当时南方地区的政权是陈朝，陈宣帝刚刚废掉他的侄儿陈伯宗，自立为帝，他对这一事件非常重视，立即派使者前往衡山调查。使者到了衡山，刚想渡过石桥的时候，看见两头连连号叫的老虎挡道，使者为之惊惧，退回山下。

使者负有皇帝的命令必须完成任务，故"次日复进"。第二天上山时仍有老虎挡道，那些使者知道事情可能并不简单，道士所言可能有假，于是对虎发誓说："我见慧思禅师，当如佛想，若起恶心，任汝所伤。"老虎听了后这才退开。可见那些使者也挺有善根的。使者见到慧思后说明来意，慧思说："请施主先行一步，我会赶到。"从南岳所在地衡阳郡到当时的首都金陵，其直线距离超过 700 公里，因此过了七天以后，慧思猜测使者快到了就拿着锡杖现神通前往金陵（今江苏南京），与使者汇合后一同面见皇帝。

当时，陈宣帝正坐在便殿之中，他看到慧思大师从空中冉冉下来，惊为神人，又见他梵相清净异常，什么都没有问就请慧思到栖玄寺安住。后来经细细查明，原来是道士陷害慧思，要追究道士的责任，慧思知道后向皇上奏曰："害众生命，非贫道之意，乞敕彼还山，服侍僧众，亦可少作惩戒。"陈宣帝答应了慧思的要求，敕令参与此事的十四名道士追随慧思到山上服务大众，并赐 14 道铁券为凭。慧思把陈宣帝所赐予的铁券全都收起来藏好，把它刻在石碑上用来记述这件事情，碑额为《陈朝皇帝赐南岳思大禅师降伏道士铁券记》，简称为《铁券记》。

从这件事情之后，陈宣帝对慧思尊崇有加，每年三次前往参拜，供养之物堆积如山。

预知时至，慧思圆寂

陈太建九年（577），慧思知道自己即将命终，他从山顶来到半山中的道场，召集门徒连日说法，以殷切大悲心劝导弟子修行，听闻之人无不感动落泪。有弟子问他证到什么果位，慧思回答说："我初志期铜轮，但以领众太早，损己利他，只证铁轮而已。"（铜轮即十住位，破无明，证实相，初入实报，分证寂光。铁轮即第十信位，初信断见惑，七信断思惑，八九十信破尘沙，伏无明。）随后慧思嘱咐大众屏息正念，自己安详示寂。弟子云辩见慧思禅师气绝身亡便号啕大哭，这时慧思又睁开眼睛说："你是恶魔，我将往生弥勒净土，来迎接我的有许多圣人，正在讨论我的受生之处，你为何要痛哭扰乱我的往生呢，你现在出去。"啼哭的弟子出去之后，慧思又摄心静坐直至圆寂，大众都闻到异香满室。

慧思培养了非常多优秀的徒弟，最著名的当推善于发展师说、创立天台宗的智顗（智者大师），其次有新罗人玄光及大善。玄光将南岳思想传入新罗，成为以后天台宗教义流行于朝鲜半岛的先驱；大善居南岳，他秉承慧思大师遗教，勤修念佛三昧，日诵《法华经》，度众甚多。慧思的著作都是口授并未经删改，计有《四十二字门》两卷,《无诤行门》两卷，《释论玄》《随自意》《安乐行》《次第禅要》《三智观门》等五部各一卷、《大乘止观》四卷并行于世。其所著经论文字浅白，寓意遥深，受到大众的喜爱，列位天台宗三祖。

纵观慧思的一生，他非常注重苦行，严守戒律，定慧双开，如《立誓愿文》云："我从初发心，乃至得菩提，于其中间为道学苦行，舍名闻利养，舍一切眷属，悉常在深山，忏悔障道罪。"他既注重禅法践行，又注重义理推究，成功地把一心三观的思想跟法华三昧的思想结合在一起，这一观点对智𫖮大师影响非常大，也对后期佛教的发展乃至天台宗的创立起着举足轻重的作用，他所主张的末法思想至今都深深影响着中国佛教界。在北京房山境内著名的石经山和云居寺，珍藏着有一千多年历史的一万多块石经板，还有两粒赤色的佛肉身舍利埋藏在了储存石经的藏经洞中。造石经的起因，正是慧思的弟子静琬在继承了老师的末法思想而发心实行的举措。

智顗大师

释智顗（538 年 -597 年），字德安，俗姓陈，祖籍颍川（今河南许昌），晋代移居荆州华容（今湖南华容县）人，是梁散骑将军益阳公的第二子，世称智顗大师、天台大师。

智者大师

天台宗是中国汉传佛教最早创立的宗派，因为创始人智顗长期居住浙江天台山而得名。智顗又被称为“智者大师”，他以毕生的精力使佛法中国化，开创了佛教东传后第一个本土化宗派天台宗，开创了护生向善、延续至今的放生池。智顗主张教观总持，解行并进，止观双修。他著作的“天台三大部”是后世天台弟子参研的原典和依据，奠定了天台宗教观的基础，其中，《摩诃止观》是中国佛教史上最重要的经典著作之一。智顗 60 岁圆寂后被尊称为“东土释迦”。

生有瑞相　幼立梵志

梁大同四年（538）农历二月十六日，伴随着一声清脆有力的哭声，智顗在父母的期待中出生了。时值中国混乱的南北朝时期，战乱不止。父亲陈起祖，骁勇善战、博通经传、谈吐绝伦，梁元帝时，为散骑常侍，封益阳侯。母亲徐氏，贤淑而有德行。在这样的家庭背景下，虽然处在动荡的民族大融合阶段，幼年的智顗却受到了良好的教育。

智顗自幼被邻里称为“王道”，抑或是“光道”。传说是因为智顗的母亲在怀孕时曾梦见五彩云雾缭绕在怀中，当想要把它们拂去的时候听到有人说：“宿世因缘，寄托王道，福德自至，何以去之。”他出生的时候，光芒满室，长达两日才渐渐止息。喜得麟儿，家人欢天喜地庆祝的时候却发现煮肉的火难以点燃，水难以烧开。后有两僧叩门来访，告之：“善哉！善哉！此乃小儿德重所致，日后必定出家为僧。”更有记载，智顗目有重瞳，古代许多圣人和皇上也有此异相。种种瑞相，都显示出此小儿将来必定不同于凡人。

年龄稍长，智顗也确实展现出了不同于寻常孩子的一些行为，他卧则合掌，坐必面西，每见佛像和僧人都会恭敬礼拜。父亲益阳侯的内心自然是不希望儿子出家为僧。智顗7岁那年，跟父亲去寺院，有僧人看他天资不凡，教他念诵《普门品》，没想到他仅听一遍就会背诵。大家惊叹不止，只有他父亲让他以后不许再接触这些佛教文句，要好好学习治国经史。他希望儿子能子继父业，为王朝的兴盛成就一番功业。

不能接触佛法的智顗内心有几分失落和惆怅，每每思维佛法，不想竟然自通佛教文句，乃悟佛法是世间真正清凉法，萌生了出家的念头。梁承圣元年（552），15岁的智顗禀报双亲，想要以出家了生脱死为志，虽然志向很坚定，双亲却没有同意，无奈之下，他用檀香木自己雕刻了佛像，每日见佛如面，礼诵不止。

出家入大苏山苦学佛法

梁承圣三年（554），时局动荡，西魏破江陵，梁元帝萧绎被杀，梁朝覆灭，而显赫一时的益阳侯夫妇也在绝望中撒手西去。这一年，智顗17岁，遭遇国破家亡、丧亲之痛的他深感“国土危脆 、四大苦空”的无常，于是到荆州长沙寺佛像前长跪发愿，誓为沙门，弘扬佛法。次年，他在郡守王琳的资助下辞兄出家，礼湘州（今湖南长沙）果愿寺法绪和尚为师，法名智顗，字德安。

智顗出家后十分精进，悟性日增，20 岁时受具足戒。他从法绪那里学习了十戒道品律仪后，又往北参访慧旷律师学习《无量义经》《法华经》和《观普贤经》等大乘法。

陈文帝天嘉元年（560），23 岁的智顗为了学法，不顾危险，一路跋山涉水来到了河南大苏山跟随慧思学法修行。慧思是当时的高僧，俗家姓李，是河南上蔡县人，世称南岳尊者、思大和尚或思禅师，中国佛教天台宗第三代祖师（以龙树菩萨为初祖，慧文大师为二祖，慧思尊者为三祖）。慧思自幼喜爱佛法尤其钟爱《法华》，曾持经入冢中读诵，读毕深受感动，对经涕泣，旋梦普贤菩萨摩顶而去，由此顶上隆起肉髻。15 岁出家，后参河南慧文禅师，得授观心之法，曾因慨叹虚受法岁，放身倚壁，豁然大悟，深得法华三昧。慧思是最早主张佛法之衰微即末法时期者，因而确立对阿弥陀佛与弥勒佛之信仰，注重禅法践行和义理推究。他自证六根清净位（圆教十信贤位菩萨与小乘阿罗汉齐），四次被恶人下毒不死，能知自己和他人宿命。为了安静地修行，慧思特意将道场设在齐陈两国交战边界的大苏山。大苏山的生活条件非常艰苦，不仅缺衣少食，甚至连读书用的灯蜡都很匮乏。为了在夜间取光读书，智顗经常在月亮出来之后，将门窗的帘子卷起来，让月光透进屋里，继续伏在书案上，苦读不辍。

慧思经常对智顗慨叹道：“过去在灵山同听《法华经》，宿缘所致，现又重聚矣。”智顗修行法华三昧的第三个晚上读诵至《药王品》中“心缘苦行，是真精进”这句时，豁然开悟，眼前重现佛在灵鹫山七宝净土讲经说法的盛况。智顗依止慧思七年，实证法华三昧，慧思为其印证获法华初旋陀罗尼，成为慧思座下说法第一的弟子，并且代师开坛讲经。有一次，慧思在座中听智顗讲经后对众学徒说：“智顗于义理方面造诣颇深，遗憾的是其定力不足。”于是，智顗下决心向其师学习禅观，大有长进，一时间辩才无二，名闻遐迩。

金陵胜缘　名震朝野

一日，慧思对智顗说：“你与金陵有胜缘，要到那里去弘扬佛法，勿做佛法断种人。”遵师嘱托，陈光大元年（567），30岁的智顗告别慧思，率领法喜等二十七人，背负着传灯化物、救度世人的重任到金陵（今南京）弘法。金陵是陈朝的首都，代梁而兴的陈朝，继承了前朝崇佛的传统，朝野上下宗教思想活跃。

智顗初到金陵，去拜见一位当地很有名望的法济老和尚，法济是当朝权臣何凯的舅舅，自恃禅功深厚。

“有人在入定的时候，能感知远处真实的摄山震动，你知道这是什么禅功吗？”老和尚轻慢地问眼前的智顗。

“这是禅定入了偏执之途，邪魔侵入的迹象，如果执著于此境，还拿出来炫耀的话，修行之人一定会出问题，而非正道。”智顗平静地回答。就是这么一句话，惊得老和尚连忙坐了起来，仔细打量眼前之人，见其气宇非凡，知道非等闲僧人，合掌称赞道：“您不但善知法相，还能彻见他心，真是了不起啊！”德高望重的法济被年轻的智顗折服的事情传出后，朝野上下顿时轰动，甚至连陈宣帝也主动拜他为师。

陈太建元年（569），32岁的智顗被朝廷礼请入主瓦官寺。陈宣帝特下诏道：“智顗禅师乃佛法雄杰，受当时众人推崇，僧俗都受大教益，是国家的名望。宜割始丰县之税赋，用作其寺之日常费用，并选二户居民，到该寺当杂役。”瓦官寺里，智顗宏开讲论，先后讲述《妙法莲华经》《大智度论》和《次第禅门》等经论。每每开讲，人山人海，金陵义学、名流文人、禅观诸大德及诸大夫都会前来，就连陈宣帝也率诸京官亲临听法，盛况空前。

生长于儒学大家的智顗，在佛法中找寻真理，在道家的圣地进行苦修，因而在思想上圆融无碍。他创造性地将佛教的五戒即不杀生、不偷盗、不邪淫、不妄语、不饮酒对应儒家伦理的五常，即仁、义、礼、智、信，还将驾鹤西去的周灵王太子晋作为护法神，他融合了所有佛教学派的不同思想，也从义理和修行上破除了儒释道三家的隔阂，使得这三种不同的思想体系圆融共通互为致用。他在讲《妙法莲华经》时，单一个“妙”字的圆融不可思议的境界，就讲了九十天，佛史中译为九旬谈妙，在座听者无不感到醍醐灌顶，受益匪浅。智顗在金陵的八年，弘扬教法、讲经说法，度众无数，还在这期间撰述了《六妙法门》。

毓秀天台　大弘佛法

陈太建七年（575），一直留在瓦官寺弘法、声望日隆的智顗已经38岁了。他反思八年来的金陵弘法，发现追随他的人们，往往在意高位虚名而不能摒弃贪执真心修持，徒众越来越多，而能领悟真谛的人却越来越少，于是有了到山林苦修的意向。一日，智顗在梦中见一座云雾缭绕的高山，巍峨奇秀、山峦叠嶂，一位僧人对他招手示意，走到山下挽着智顗的手臂引他上山。智顗醒后把自己所梦情景告诉了大家，大家都说：“所梦应该是住过许多高僧大德的天台山。”于是，智顗就率领慧辩等二十余人，前往天台山一探究竟。

天台山位于浙江省天台县北，历史上是道教发源地。这里钟灵毓秀、幽雅清净，尤其是天台山上的五座山峰状似莲花，鬼斧神工，十分神奇。在天台山智顗遇到了在这里住了四十多年的出家人定光，据《隋天台智者大师别传》《国清百录》《续高僧传》等文献记载，定光为我国南梁、南陈时期高僧，在定光隐居天台的三四十年中，虽定慧俱足，偶有圣迹显露，却绝不轻易示人。

定光对智顗说：“大善知识，你可曾记得以前我曾在山上向你招手？”智顗一听，十分惊异，才知所梦非虚。据说早在两年前，定光就和当地山民说：“将来会有大善知识来到这里。”

受朝廷优禄供养的智顗回到金陵后就上书陈宣帝，请求离开金陵，入天台山苦修。得到允许后，他把瓦官寺的众人召集起来对他们说：“当初瓦官寺只有四十余人，却有一半的人得法。现在瓦官寺有二百多人坐禅，只有十人得法。为什么前来学佛的人增多了，得法者反而少了呢？此中道理请大家深思。现在我准备按照原来的计划，自化行道，请诸位各随所安。”随后告别大众前往天台山。

大师初入天台山时，在北面山峰建成草庵，栽植松栗，引入流泉。在天台山苦修的日子里，智顗白天以采摘野果度日，晚上卧地而眠，过着艰苦贫寒的生活。他常常在华顶峰，修头陀行，昼夜禅观。有一天，智顗独自在华顶峰上修头陀行，突然狂风大作，雷霆震吼，魑魅千群，各各形态各异吐火怪叫，极是恐怖吓人。智顗不为所动，照旧修禅不止，这些现象渐渐消失。后又感觉身体如被火烧似的难受，看到已经去世的双亲把头枕在自己的膝上声声哀泣，智顗知是幻象，如如不动，果不其然，这些现象也一一消失。随后出现了一位西域僧人，对智顗说："能在各种情况下制敌胜怨，方才是勇。"

陈太建十年（578），智顗的草庵终于逐渐落成伽蓝，朝廷赐名修禅寺，智顗从此就在修禅寺起居说法，天台法脉自此创立，吸引了无数的信众不远千里跋山涉水前来听法。这个偏远的山区渐渐热闹起来了，十年前在金陵出现的盛况又再度出现，有人来寻求佛法，也有人来祈祷好运。天台临海，黎民多以捕鱼为业，智顗面对祈求打鱼一帆风顺的黎民百姓，生起了深深的慈悲，便自舍资财，赎买了一小块水域作为放生池，并为当地的渔民宣讲杀生的因果，慈心不杀方为安乐之因。受他感化，渔民不但改了行业，还献出了三四百里的沿海地区作为放生之用，这也是中国最早的大规模放生地。天台放生的事迹传播开来后，立刻在僧人、民间，甚至是皇室成员中得到了响应，他们竞相效仿。这种由智顗开创的护生向善的行为被后世传承下来，延续至今。

明代《天台山方外志》记载，智顗居佛陇讲《净名经》时，忽然经书被风吹走，飘在空中而不落下，他和众徒策杖披荆追寻经页，一直到了五里开外的山谷中，风忽然停止了。经页撒落一地，智顗发现此处是个峰峦秀拔、清溪鉴心的胜境，于是在此建起一座草庵，称幽溪道场，相传石上的幽溪二字，便是智顗的手书，这便是后来的高明讲寺。

传说，每年夏天智顗都会讲《维摩诘经》，有一次大家忽然见三道宝阶从天而降，有数十印度僧人乘阶而下，入堂礼拜，手擎香炉，绕智顗三匝，许久时间才消逝，现场听法信众都赞叹不已，叹为稀有。在今天的天台山的佛陇有一块巨石，题名“智者大师说法处”。这块巨石吸引了不少慕名而来的游人和信众前来瞻仰。一千多年前，智顗常常在这块巨石上，向四方汇聚而来的僧众讲经说法，法音缭绕在这山水奇秀的大山之中，而智顗已将自己融入这一方山水之中，超然而自在。

陈至德三年（585），陈后主问朝中群臣：“天下的出家人，哪位道行最好？”有大臣说道：“天台山的智顗禅师是当今禅门最有影响的大德，先皇在世的时候，他曾经在京城的瓦官寺讲法，为群贤崇敬，望陛下把他召回京城，使道俗受益。”陈后主于是降旨召请智顗，智顗以眼下法务缠身、难以离开为由，婉言谢绝。此后朝廷又前后派去七个使者，并带去了皇帝的手谕，一再请智顗返回京城弘法。

于是，48 岁的智顗返回了金陵，驻锡于灵曜寺。在这期间他讲授《大智度论》《仁王般若经》等，他常常被迎入太极殿之东堂宣讲佛法。皇帝又下诏，令羊车童子在前头引路，主书舍人在两旁恭迎他登阶，礼敬一如昔日的国师。在智顗的影响、推动下，佛教在这一时期得到很大的发展，学佛的人日益增多，就连皇后和皇太子也都皈依受菩萨戒。

隋开皇九年（589），历时三十多年的陈朝也在时局动荡中覆灭了。智顗为避祸乱就到荆（湖北）、湘（湖南）一带游化弘法，后又住于庐山。

平定江南的晋王杨广年仅 20 岁，他对前朝的国师智顗慕名已久，屡屡致信求见智顗，想要拜他为师。智顗一开始时谦称自己德寡，不堪胜任，让杨广更请其他名僧大德，尔后又推荐自己的同修，杨广皆不受，智顗见推辞不掉，就对杨广说了四愿："第一，贫僧平生虽爱好禅，但于禅法并没什么高深的造诣，加之现在年事已高，只能远守绳床以自修，外界对贫僧的各种赞誉，多是言过其实，因此，请望不要以禅法相期；第二，贫僧生在边隅，屡经离乱，没有受过好的教育，自从出家以来，已很久不参预世间事务，朴直的个性与世相忤，希望勿以世俗之应酬相求；第三，传灯授戒，以报佛恩，贫僧义不容辞，但授戒传灯，事关重大，要求过严佛法难以广被，要求太松则容易遭外界讥议。授戒之事，不如通法而命，愿许其为法，勿嫌轻动；第四，十余年来贫僧一直修习、游化于林野、山泽之中，因以成性，现在国家统一而佛法兴隆，沐此皇恩自当前往，但日后一旦萌发回归山林之念头，请能随时放老僧回归林野。若能答应这四愿，贫僧才敢前往。”热切希求净戒的杨广立即答应。

隋开皇十一年（591），避祸暂居庐山的智顗终于在杨广的敦请下来到扬州，为杨广授菩萨戒，并起法名为“总持”，智顗和杨广成为了师徒，杨广深深为大师的智慧折服，将“智者大师”的尊号封授给智顗。

后来，智顗想返回山林，晋王杨广再三挽留，智顗就说：“我们有明约在先，岂能失约！”随即拂衣而起，晋王不敢强留，合掌送他至城门外。智顗回过头来对杨广说：“治国责任重大，必然影响道务，希望你日后能以弘扬佛法为念。”晋王满口应承，含泪目送智顗远去之后才返回王府。智顗离开扬都之后，从长江乘船到了庐山，在玉泉住了两年，所到之处，前来求法参学者不计其数。

隋开皇十五年（595），晋王杨广又遣书催智顗回扬都。智顗接受了杨广的邀请，前去讲经弘法，并撰著《维摩诘经疏》。已经58岁的智顗，想到已经离开天台山多年，寺久已荒芜，于是便在第二年辞别杨广回到了天台山，重整山寺。

预知时至　圆寂石城寺

隋开皇十七年（597）四月，智顗为了规范僧人们的行为，指导他们的修行，制定了《立制法十条》，里面的内容有晨钟暮鼓、早课晚修、凌晨四时坐禅、六时礼佛等，这些规范对后世佛教宗派产生了深远的影响，被一代代传承下来并沿用至今。

一次，智顗对徒众说道："我当卒于此地，所以常常想念着回来。最近我已预感到大限将至，我入灭之后，请把我葬于西南之山峰上（佛陇），在周围垒石种松，并建立白塔，使见者发心。"后又在行忏时，在佛前立誓："若贫僧对于三宝的弘传还有所用处，我愿在此有生之年，努力为之。如果无益于三宝，我愿速速入灭。"

十月，晋王杨广派使者入天台山，再次迎请智顗出山讲经。接到信函之后，智顗散尽一切用度，在天台山下用木桩圈画出寺庙殿堂的位置，用木画草图以为样式，告诉弟子不久将会有人在此建起庙宇。安排妥当后令弟子一同去石城寺洒扫。

当他们一行走出百余里之后，于十一月二十四日在石城寺歇了下来。当晚，大师感觉不适，他命一位叫作灌顶的弟子笔录，口授了一份信函留给杨广。然后对大家说：“我将在此弥勒佛前命终。”随后让人拿来衣钵、道具，把它分为二份，一份供奉弥勒，一份充作羯磨，然后他面向西方，称念阿弥陀佛和观世音名号。有侍者欲劝他吃药，他说：“药能治病延年吗？病本不与身合，药何能治病？年本不与心合，药何能延年？”又有侍者劝他进斋饮食，他说：“能无观无缘是真斋矣，我视人生之形体如皮囊，视死如归家，世上的事本来都是迁灭不住的，又何足叹呢。现在，我以前的诸师友皆跟从观世音、大势至菩萨前来迎接我了。诸位，波罗提木叉（戒律）是你们的依归，四种三昧（即常坐三昧、常行三昧、半行半坐三昧、非行非坐三昧）是你们的明导。”又对维那说：“人临终时，闻着钟声、磬声可以增长其正令，此钟声、磬声应当既长且久，直至其气绝为止，不要等到躯体冷却后再响磬声。我死之后，无需哭泣和穿着丧服等，你们各自默然，我将去矣。”说完之后结跏趺坐，如入三昧，端然而逝，世寿 60 岁。他入灭之后，弟子们依照其遗嘱将他葬于佛陇。

智顗一生弘法不止，化通海内，所造大寺 35 所，剃度僧众 4000 余人，从他受菩萨戒者不计其数，传业弟子 32 人。从他习禅者，成千上万，遍布大江南北。他的著述丰富，主要由门人灌顶记录整理集成天台三大部，即《法华玄义》《法华文句》《摩诃止观》及《观音玄义》《观音义疏》等，这些著作成为后世天台弟子参研的原典和依据。

天台祖庭国清寺

智顗圆寂后的第二年，在杨广的主持下，一座恢宏的庙宇在天台山上建立起来，这座寺庙里除了供奉传统的佛教菩萨之外，还供奉着道教的山神，这就是今天的国清寺。国清寺蕴含着“寺若成，国则清”的美好愿望，以慧思、智顗思想为核心的天台宗，成为中国第一个佛教宗派。天台之后，中土佛教其他学说纷纷创宗立派，天台宗虽然师法印度佛教，但它的解释体系和阐述方式却是从中国人的理解习惯出发的，甚至和儒家、道家思想保持着一定的亲缘关系，所以智者大师被后世尊称为东土释迦。

国清寺作为天台祖庭，一直是天台僧人依止起居顶礼参研的地方。寺内三十多座殿堂楼宇主次分明，错落有致，更有一棵与众不同的梅花树，这棵古老的梅花树栽于公元598年，是智顗大师的继承者灌顶法师在大雄宝殿的东侧为了纪念这位对后世影响深远的高僧而栽种，那一年，位于浙江天台的国清寺刚刚建成。如今，这棵已有 1400 多年历史的老树默默无言地看着这里沧海桑田的交替变化。

（本文参考资料：《续高僧传》卷十七《智顗传》《千年菩提路》）

玄奘法师

玄奘（600 年 -664 年），唐代高僧，姓陈，名祎、洛阳缑氏（今河南偃师缑氏镇）人。我国汉传佛教四大佛经翻译家之一，中国汉传佛教法相宗创始人。

玄奘法师

隋末唐初，玄奘从长安出发，只身一人前往遥远的印度寻求佛法。他过戈壁，渡流沙，翻雪山，越葱岭……以惊人的意志抵达印度的那烂陀寺，跟随精通一切佛法的戒贤法师学习佛法。19年的时间，玄奘到达了110个国家，走了五万里行程，他是丝绸之路的征服者，是古代世界首屈一指的旅行者。在印度，他成为智慧的化身，被誉为“大乘天”和“解脱天”，印度两大国王因为他差点兵戎相见，就连他脚上的麻鞋，也被信徒奉为圣物。尽管如此，他依然放弃印度的荣耀，回到大唐，创立了著名的法相宗。他翻译的佛经达到了75部1350卷，译经成绩可谓前无古人。如果没有他的《大唐西域记》著作，印度人几乎无法重建自己的古代历史。今天，玄奘的故事被写进了印度学生的教材，玄奘的名字在印度几乎家喻户晓。

年少出家　勤奋好学而志存高远

隋朝开皇二十年（600），玄奘出生在距离洛州（洛阳）三十多公里的陈河村，玄奘俗名陈祎，他的高祖和曾祖做过北魏的太守，是名副其实的封疆大吏，祖父因为品学兼优，而出任国子博士，属于朝廷的高级官员，父亲陈慧，身形高大，风姿俊逸，是隋帝国江陵的县令，博览群书，精通儒学，为人雅洁淡泊。在这样的名门世家，玄奘不仅遗传了父亲出众的外表和过人的智慧，还接受了良好的儒学熏陶。

对于玄奘而言，命运并非如此这般平顺。在他5岁时，对他十分疼爱的慈母去世。10岁的时候，辞官隐居的父亲又撒手人寰，显贵一时的陈家遭遇巨大的变故。双亲的先后离世，使年幼的玄奘过早感受到了人生无常，父亲去世之后，无依无靠的玄奘跟随兄长来到洛阳的一座佛寺，踏入了佛门。

玄奘的兄长叫陈素，法号长捷法师，他认为玄奘日后定能弘扬佛法，便经常向他讲授义理，玄奘11岁时，便能熟练读诵《法华》《维摩》诸经。隋大业八年（612），13岁的玄奘已是一个器宇轩昂的小少年，恰逢隋帝国选拔僧人，考试非常严格，这是由皇帝亲自发动的宗教活动，13岁的玄奘凭借非凡的才智被破格录取，从此正式成为了一名僧人。

玄奘在洛阳浓厚的佛学氛围中逐渐长大，他精进好学，对佛教经典有惊人的记忆力，加之良好的儒学根底，很快在洛阳城崭露头角。唐武德元年（618），隋帝国灭亡，唐朝初建，因为战乱，19岁的玄奘离开洛阳来到了唐朝的都城长安，然而长安的寺院因为战争也破败不堪，玄奘又继续南下游学。当他到达成都时，当时的高僧道基正在讲解《阿毗昙论》，玄奘一闻不忘，且见解高出群伦。道基赞道："我从小投身佛门，像玄奘这样的神悟少年着实不多见。"

唐武德五年（622），玄奘在佛教界已经有了很大的影响，他讲解《扬心论》，无需讲稿而口若悬河，当时人们都称之为神人。他常自我提醒："学贵远传，义重疏通；钻研一方，不足为道。"他的游学生涯长达七年，几乎踏遍了大半个中国，访问了几乎所有的高僧大德，被誉为佛门的千里之驹。

随着对佛法的深入了解，玄奘发现他的有些疑问佛教典籍中并没有明确的答案，那时候佛教传入中国已近六百年，但来自印度的佛经并不齐全，再加上翻译的曲解，对佛法的误读司空见惯，佛教领域学派众多，相互争执不下，其他高僧的解答也不能让他信服。

玄奘的内心充满了迷惑，他不知道该如何去探究佛法的真相。

玄奘西行　困难重重而初心不改

唐武德八年（625），玄奘结束了游学生涯，带着内心的迷惘，他第二次来到长安，在这里他遇到一位来自印度的高僧波颇，波颇告诉玄奘，印度的那烂陀寺院里有一位叫戒贤的高僧，通晓一切佛法经论，而那烂陀是研究佛法的最高学府。波颇的话照亮了玄奘迷惘的心灵，玄奘决定前往印度，在佛教的发源地寻求佛法的真谛。

唐武德九年（626），玄奘召集了一批志同道合的僧人，联名上书朝廷，请求西行，然而，朝廷因为刚建国，边境尚不安全而拒绝了他们的请求，禁止出境。其他人因此退缩，玄奘就一边学习古印度文，一边等待着离开长安的机会。第二年，为了应付霜灾造成的饥荒，官方允许长安的百姓外出，28 岁的玄奘因此得以离开了长安城。

风餐露宿一个月之后，玄奘抵达河西走廊的门户凉州（今甘肃省武威市），当时大唐和突厥的战争一触即发，凉州城军队戒备森严，没有官方的命令，任何人不得向西而行。玄奘决定在此设立道场，一边讲经一边等待机会出境，然而此举被密探告发，凉州的最高长官责令玄奘立刻返回长安。最终，执意西行的玄奘感动了凉州的佛教领袖，在两个僧人的掩护下，玄奘悄悄离开了凉州城，从此，玄奘只能隐姓埋名，昼伏夜行。

沿着河西走廊，玄奘来到了赫赫有名的瓜州城（今甘肃敦煌）。从瓜州往西就是大唐的边境，边境之外就是西域。进入瓜州的玄奘在中原通往西域的咽喉要道——玉门关时被地方官李昌抓住，幸而李昌是一个虔诚的佛教徒，他撕毁了官牒叫玄奘必须尽快离开。

此时的玄奘遇到了一位胡人石磐陀，要拜玄奘为师，并且告诉玄奘，他可以帮助其渡关。这也是玄奘收的第一位弟子。玉门关外矗立着五座烽火台，从五峰往西，经过八百里沙海之后，才能到达西域的第一个小国伊吾。从瓜州到伊吾，可靠的水源只有两处——葫芦河和烽火台，玉门关就建在葫芦河上。石磐陀带着玄奘绕开玉门关，渡过了葫芦河。但要越过大漠，就必须到烽火台下取水，一旦取水就极易被守卫发现，被发现面临的将是死路一条，形势过于严峻，石磐陀因此退失了西行的信心。他怕玄奘被抓供出自己，想杀了玄奘灭口，在玄奘发誓绝不出卖之后，石磐陀才离开。

玄奘开始穿越边境上的五座烽火台，不出石磐陀所料，偷水的玄奘被守军发现，意想不到的是烽火台的指挥官王翔也是一个信佛的人，他不仅为玄奘准备了足够的干粮和饮水，并指明玄奘可直接前往第四座烽火台，那里的指挥官是他的宗亲，也是一个信佛的人。在第四座烽火台补充饮水之后，玄奘绕过第五峰，从此走进了八百里大漠——莫贺延碛。

大漠雪山　命悬一线

莫贺延碛位于罗布泊和玉门关之间，现称“哈顺戈壁”，唐时此处以西皆称“域西”，就是我们今天常说的“西域”的起点。莫贺延碛长八百余里，上无飞鸟，下无走兽，以凶险而闻名。进入莫贺延碛之后，玄奘彻底摆脱了官方的追捕，但是险恶的环境却更为可怕。行走了一百多里后，玄奘发现自己迷路了，迷路之后的玄奘非常急躁，慌乱之下打翻了装水的皮囊，所有的水顷刻之间渗入黄沙。没有了水，要想走进这八百里沙海简直是直奔死亡之谷，陷入绝望的玄奘无奈之下开始往回走。当他走了十多里之后停下了脚步，他决定“宁可西行而死，绝不东归而生”。此时的玄奘已将生死置之度外，为了心中的佛法，他用常人难以企及的意志继续向西而行，而这也将玄奘推向了死亡的边缘。

莫贺延碛天气恶劣，狂风卷着黄沙，像下雨一样漫天飞舞。没过多久，玄奘就陷入了半昏迷状态，他开始出现幻觉，看到各种奇形怪状的妖魔鬼怪在旁边，久久不愿离去。他在心中默念观音菩萨及《心经》向西蹒跚而行，每向前迈进一步都非常艰难。不久，十分虚脱的玄奘陷入了完全的昏迷当中，他倒在了漫漫黄沙大漠之中，死神近在咫尺。

深夜，一阵凉风吹来，不知道自己昏迷了多久的玄奘醒了过来，他用尽最后的力气挣扎着站了起来。据考证，此时他已经四天五夜滴水未进，也许支撑他的唯有对佛法的信念。就在这生死攸关之时，识途的枣红马在一片草地的后面发现了水源，把奄奄一息的玄奘驮到了水塘边，这一池“救命之水”最终拯救了玄奘的生命，他在这里休息了整整两天的时间才恢复几乎衰竭的体力。

两天后，玄奘穿过河西走廊通往新疆的门户——星星峡，抵达了西域的第一个小国伊吾（今新疆哈密），当他来到这里的佛寺时，佛寺里的一位汉地老僧激动得赤脚跑了出来迎接玄奘，他与玄奘相拥，彼此都泪流满面。老僧因为他乡遇国人而流泪，玄奘则是因为刚刚与死神擦肩而过，对生命的感激而流泪。常年的僧侣生活，造就了玄奘克制的性格，在他的一生中很少像这次这样流露自己的情感。

在这座伊吾的佛寺里，玄奘受到了僧侣们热情的接待，一连几天休整之后，在沙漠中九死一生的玄奘打算避开有着大沙漠的中道和南道，沿着主要是草原的北道继续西行。然而此时却收到高昌国国王麴文泰的国书，他命令伊吾必须将大唐僧人送达高昌。高昌位于今天新疆的吐鲁番盆地，是当时伊吾以西西域最大的国家，高昌王威震西域，玄奘无法拒绝，只能放弃沿草原西行的计划。

让玄奘没有想到的是，当他到达高昌国时，高昌国王麹文泰率领王后大臣亲自到宫门口通宵站立，迎接玄奘的到来，态度极其谦恭友善。原来麹文泰是一个汉人，由于政治动荡和战乱，中原的汉人大批由河西走廊迁往西域，高昌成了汉人最集中的地方，公元 6 世纪，麹姓家族建立了高昌国。佛教在高昌被尊为官方宗教，当玄奘在凉州讲经时其显赫的声名已经传到高昌，麹文泰年轻时曾经跟随父亲前往长安和洛阳，十分喜欢汉文化，他在高昌大力推行汉化改革。因此高昌王见到文化底蕴深厚的玄奘时如获至宝，并表现出了异乎寻常的尊重，他希望玄奘留在高昌，全国数千僧人由他带领，举国之人都可以听从他教诲。玄奘婉拒了高昌王，告诉他自己舍命西行目的是因为大唐的佛典并不完整，要去学习未闻之佛法让更多众生受益。高昌王没有想到玄奘会拒绝他，就告诉玄奘如果不留下来做高昌国的国师，就把他遣返大唐。玄奘说道："我西行，只为求法，国王或许可以留下我的躯体，但西行之心不可留。"自此之后开始绝食，连经三日，第四天时，玄奘已经奄奄一息。麹文泰没有想到玄奘西行之心如此坚定，他的修养和舍身求法的决心深深地打动了麹文泰，他表示将尽最大的力量支持玄奘西行，玄奘也答应从印度求法归来，在高昌讲经三年。两人又一起在佛祖面前结拜为兄弟。

在高昌国王的照拂下，玄奘带着剃度徒弟四人和大匹绫帛特产珍果以及骑马侍从浩浩荡荡出发了，一行人到突厥，经屈支（今新疆维吾尔自治区库车），越凌山（耶木素尔岭），至素叶城（今吉尔吉斯斯坦国境内）与西突厥叶护可汗相见。又顺利通过西域笯赤建国（今塔什干）、飒手末建国（今撒马尔罕东）等十国，一路上除了偶有强盗，总体还算顺利。

但是对他们严峻的考验马上就要到来了，那就是要翻越大雪山（今阿富汗兴都库什山），大雪山风雪杂飞，空气稀薄，耸立着许多终年积雪的冰峰，海拔大都在五六千米以上。雪峰与天空相连，望不到边际，没有一处干燥的地方可以休息，累了也只能躺在冰上。更为危险的是经常发生雪崩，人随时有被大雪掩埋的危险，死神的恐怖气息和极端的寒冷威胁着途经这里的每一个人。玄奘一行相互扶持，顶着寒冷艰难跋涉，路途中不停有人因为寒冷而倒下，有人睡下后再也没有醒来。

唐贞观二年（628）的春天，玄奘一行终于走出大雪山，这支队伍在这次翻越雪山中付出了惨重的代价，为了帮助玄奘西行，三十多人的队伍有近一半永远葬身在了雪山，其中包括玄奘的两个徒弟，他们长眠在这里，没有人知道他们的名字。没有他们的帮助，玄奘也许永远也走不出雪山，这一次悲壮的雪山之行在玄奘的心灵深处刻下难以磨灭的痕迹。

春夏之交的时候，玄奘走上了中亚的大草原，这里是突厥人的领地，突厥可汗在自己的大帐召见了玄奘。当可汗看到高昌王的国书以及上供大量的丝绸珍果时，对高昌王的这位结拜弟弟刮目相看。他非常热情地接待了玄奘并选派了一位曾经到过长安、通晓各国语言的军人，在危机四伏的西行路上，护送他们穿越广袤的西突厥帝国。

这支队伍后又南下经缚喝国（今阿富汗北境巴尔赫）、揭职国（今阿富汗加兹）、梵衍那国（今阿富汗巴米扬）等地后来到了中亚最富传奇色彩的城市撒马尔罕。然而，撒马尔罕国王并不欢迎玄奘，在这个中亚最大的国家，人们信奉拜火教，玄奘的两个徒弟甚至遭到了当地人的围攻。玄奘抓住机会用了一个晚上对信奉拜火教的撒马尔罕国王讲解佛法，国王最终被打动而放弃了拜火教，成为了一名佛教徒，从此之后，这里荒废的寺院又重新住进了僧侣，佛教在撒马尔罕重新兴起。在撒马尔罕的历史上，这是一次重要的文化事件。

到达古印度　佛国圣地佛法凋零

进入古印度地界之后，可汗派给玄奘的护卫们返回了北方的草原，这里已经不是突厥人的势力范围，玄奘的身边只剩下两个徒弟。师徒三人渡过了印度河之后，不久就来到了闻名于世的犍驮罗国（今巴基斯坦白沙瓦及毗邻的阿富汗东部一带），在这个佛教曾经最著名的圣地，玄奘感到了从未有过的伤感，佛教在犍陀罗已经衰败，生活在这里的人们普遍信奉印度教。

玄奘又继续前行，一路跋涉，来到乌仗那国（今巴基斯坦斯瓦特），后又到达迦湿弥罗国，玄奘在这里停留了将近两年的时间。迦湿弥罗是佛教历史上第四次结集佛典的地方，因此保存着非常完备的佛教经典。如饥似渴的玄奘埋身于浩瀚的佛经当中，不知不觉一年多的时间就过去了，唐贞观三年（629）的秋天，饱读佛经的玄奘离开了迦湿弥罗国继续南下，他要去那个叫那烂陀的地方。

唐贞观五年（631）的春天，玄奘来到了著名的恒河。然而却在沿河而下的时候被一伙强盗劫持了，这群人信奉一个叫突迦的女神，在每年春秋季节都要找一个容貌端庄的人，杀取血肉祭祀。俊美端庄的玄奘即将被祭祀，生命即将结束的玄奘开始默默地祈祷，这时突然黑风四起，折树飞沙，船只倾覆，强盗们以为自己得罪了天神，不得不放弃祭祀活动，玄奘难以置信地逃过了一劫。

夏天来到的时候，32 岁的玄奘终于抵达了佛陀的故乡迦毗罗卫国，这里是佛教的发源地，然而这里的佛教也同样衰败了，寺院的旧基址有一千多所，人烟稀少，僧侣罕见。随后，玄奘又先后来到了拘尸那迦、鹿野苑和大菩提寺等地，所到之处，佛教的衰败令玄奘莫名的伤悲和难以承受，佛教在印度的土地上诞生，又消失在印度的土地上。

同年的秋天，经过整整四年的跋涉，玄奘终于抵达西行的目的地——那烂陀，那烂陀位于今印度北方的比哈尔邦境内，根据玄奘在其游记中的记载，那烂陀的所在地原本是一片芒果园，公元前 6 世纪，五百名商人联合用十亿金钱买下这片地赠与佛祖，接下来三个多月里佛祖于此地宣扬佛法。到了公元 5 世纪，那烂陀已经成为古印度名副其实的学术中心。公元 7 世纪，当玄奘到达的时候，佛教在印度已经开始衰退，而那烂陀依旧辉煌。

那烂陀寺精进学习　佛学造诣日臻圆满

那烂陀举行了盛大的仪式欢迎玄奘的到来，玄奘以隆重的拜师仪式成为了通晓一切佛法、德行高贵的戒贤法师的弟子，已近暮年的戒贤法师出身王族，是一代宗师巨匠，因为冥冥中的启示，他一直在等待这位来自大唐的学生。

与一般的佛教寺院不同，那烂陀不仅是古印度甚至可以说是世界上第一所综合性大学，建造华美古朴，这里不仅教授大乘学说，还包括世俗经典以及因明和声明学，甚至医学和数学也有研究。在上万人的那烂陀能够读解二十部经论者有一千多人，三十部者五百多人，五十部者有十人。而玄奘是十大高僧之一，戒贤法师则穷尽一切经卷，是所有人的导师。

那烂陀每日开设一百多个讲坛，所有的学生兢兢业业，不敢浪费一寸光阴，玄奘在这样的佛学氛围中如鱼得水，佛法造诣日渐提升。唐贞观六年（632）的春天，百岁高龄的戒贤法师为玄奘专门开讲佛教重要的经典——《瑜伽师地论》，此事一时轰动全印度。法师殚精竭虑地用了十五个月的时间才讲完这部长达四万颂的经书。因着坚实的佛学根底和孜孜不倦的精神，经过五年的学习，玄奘的学术成就已经非常人能及，这一切戒贤法师都看在眼里。

学成之后的玄奘决定再次游学，他又用了三年的时间走遍了整个印度。唐贞观十三年（639），游学的玄奘梦到菩萨告诉他，这个地方十年之后将会陷入混乱，他应该早点回去。于是，次年的春天，玄奘返回那烂陀，打算和戒贤法师及他的同参道友们告别。

辩才无碍 佛国土地上盛名流传

戒贤法师希望玄奘在离开之前能在那烂陀开设讲坛，与一个攻击瑜伽派的高僧辩论。古印度的辩经非常激烈，失败者要么销声匿迹，要么改换门庭，不少失败者甚至割掉自己的舌头，或者结束自己的生命。玄奘谨遵师教，开设讲坛，随着辩论的深入，两个讲坛的学生最后都归集到玄奘门下，瑜伽学派的神圣地位得以重新确立，玄奘的声名开始在印度流传。

辩经之后的玄奘收拾妥当，准备回国，而在这时，东印度的国王要召见玄奘，那烂陀以玄奘即将回国为由拒绝了国王的邀请。国王因此十分愤怒，扬言如果玄奘不来，他将踏平那烂陀。玄奘不得不推迟回国的计划，准备去见东印度国王。就在此刻威名显赫的戒日王也要召见玄奘，印度两个最有势力的国王互不相让，为了争夺玄奘，戒日王和东印度国王几乎兵戎相见。戒日王兵强马壮，威震印度，压力之下，东印度国王最终屈服了。

戒日王以隆重的仪式与玄奘相见，并要求玄奘召开一个全印度的宗教学术辩论会，会场设在戒日王的都城曲女城——今天恒河中游的卡瑙季。全印度各个教派的智者和大德都必须参加，并针对他的观点进行辩论。唐贞观十五年（641）的春天，辩论会正式开始，除了戒日王和东印度国王，还有十八位国王到场，僧人到会者三千余人，印度教以及其他教派的大德两千余人，那烂陀也派来了一千多僧人参加，都城方圆几十里，拥挤不堪。在印度历史上，这或许是规模最大的一次讲经辩论会。

戒日王担任辩论会的主持，玄奘作为论主登上宝座，开始阐述自己的论点，并主动提出如果有人能够破解他的观点，定斩首相谢。戒日王派人将玄奘的论点抄写一份，悬挂在会场门口，等待有识之士批判，辩论大会持续了 18 天，各个宗派的高僧大德没有一人挑战，大会最后一天，很多人当场皈依。他被大乘学派和小乘学派共同推举为大师，并被称为“大乘天”和“解脱天”。在佛教的发源地，玄奘被尊为一代佛学大师，堪称空前绝后，这是中国和印度文化交流史上极其璀璨的一页。

不忘初心　踏上返回大唐之路

同年夏天，玄奘带着大量经书和佛像以及一支规模不小的队伍告别了戒日王和那烂陀寺的僧众，浩浩荡荡地出发回国了。为了实现自己与高昌王的诺言，玄奘放弃了更为顺畅的海路，又一次踏上了丝绸之路。

顶风冒雪，一路跋涉，他们终于走出了帕米尔高原，来到今天的新疆喀什一带。一个高昌商人告诉玄奘，高昌王麴文泰早已去世，高昌国如今是大唐的西州。国王离世，兄弟之约已成往事。于是，玄奘决定从丝绸之路南线直接返回大唐，东归的队伍开始南下，唐贞观十七年（643）的冬天，玄奘抵达西域著名的佛国于阗，在这里，玄奘向唐太宗写了一封言辞恳切的信，他在信中坦然承认自己的错误，并把取经的功劳归于唐太宗本人。玄奘明白，在回到祖国之前，他必须取得大唐统治者的谅解和支持，他的经历告诉他，没有朝廷的支持，一切都寸步难行。

之后，玄奘就在于阗一边记录当地的风土人情一边耐心等候大唐的消息。半年之后，大唐的特使带来了唐太宗的旨意，唐太宗不但没有问罪于他，而且安排好了归国的行程。

唐贞观十八年（644）的夏天，玄奘的队伍离开于阗，向着长安的方向出发。

当他们到达长安时，长安城举行了盛大的欢迎仪式。此次，玄奘为大唐带回了一笔难以估量的精神财富，657 部佛经，150 粒佛舍利，七尊珍贵的佛像，19 年的时间，5 万里行程，途经 110 个国家，此刻的玄奘内心的修养和佛学造诣也非往日而言。

在都城长安以东的洛阳宫殿，唐太宗召见了玄奘，他们之间的谈话持续了很长时间，唐太宗对初次见面的玄奘非常欣赏，他希望玄奘将西域和葱岭以西的风土人情以及见闻记录下来，而对于佛教，皇帝答应以国家的名义支持玄奘佛经翻译的事业。

呕心沥血翻译佛经　撰写《大唐西域记》

唐贞观十九年（645）三月，玄奘返回长安，在唐太宗的支持下，他开始了自己庞大的佛经翻译计划。玄奘选择了一批最优秀的高僧，根据各自不同的禀赋担任相应的工作，整个翻译流程有译主、征义、证文、书手、笔受、缀文、参译、刊定、润文、梵呗十道工序，分工非常严谨细致，而精通梵语和汉文两门语言的玄奘本人，则是整个翻译工程的主持。

玄奘总结了过去几百年以来的翻译经验，将直译和意译融会贯通，并提出求真与喻俗和五不译的观点，确定了一种前所未有的翻译风格，在佛教翻译史上，他开创了一个新的时代。

译经期间玄奘很早就会到达翻译现场，一坐就是很长时间，如果没有朝廷的命令从不中途离开。晚上，他开始口述十九年的历程，并由弟子辩机在一旁记录。这本书对唐太宗非常重要，也直接关系到玄奘的前途。雄才大略的唐太宗渴望恢复丝绸之路的新秩序，因此迫切需要来自西方世界的信息。

唐贞观二十年（646）7 月，玄奘终于完成了唐太宗交付的任务，这就是十二卷本的《大唐西域记》。在这本书里，他详细地记录了西行 19 年的行程，其中包括 110 个亲身经历的国家和 28 个没有到达但有耳闻的国家，这是一部被今天的学者们公认的稀世奇书。皇上对这本书十分满意，对玄奘也赞赏有加，然而当玄奘提出为经书作序时，皇上却没有答应。此后，玄奘几乎将所有的时间都花费在翻译上，他每天的睡眠时间不超过四个小时。

唐贞观二十二年（648），玄奘 49 岁，在一次召见中，皇帝建议玄奘脱掉袈裟辅佐朝廷，执着的玄奘奉上刚刚翻译完成的《瑜伽师地论》，再次请求太宗为经书作序，这一次皇帝没有拒绝。唐太宗亲笔书写了《大唐三藏圣教序》，用极其华丽的文字，高度评价了玄奘西行取经的壮举和玄奘的佛经翻译事业。唐太宗不仅敕封玄奘为佛门领袖，而且第一次表达了对佛教的支持态度。这是一件举足轻重的大事，自此之后，佛教在大唐开始复苏。

同年，太子李治为皇太后祈福，修建了一所大型的寺院慈恩寺，由玄奘担任寺院的住持，不过他的主要工作仍然是无边无际的佛经翻译。翻译之余，玄奘根据在印度看到的佛塔式样，在大慈恩寺也设计建设了一座，这就是今天的大雁塔。建塔的时候，玄奘亲自参加施工，搬运砖石整整半个月，那一年他已经 53 岁了，他希望能把从印度带回来的经典收藏在大雁塔内。

玄奘圆寂　坚守理想的精神恒久流传

在寺院与朝廷之间往来奔波，以及夜以继日地翻译经卷，玄奘的身体每况愈下，玄奘的身体其实在翻越大雪山的时候就留下了病根，为了能专心致志地翻译佛经，唐显庆四年（659）的秋天，60 岁的玄奘来到了玉华寺。

玉华寺在今天陕西省铜川市附近的山谷，太宗皇帝去世之后，高宗下诏将皇家郦宫改为寺院，玄奘就是在这里走完了他生命中的最后岁月，也是在这里他用四年的时间翻译了数百万字规模最大的一部佛经《大般若经》。生命的最后几年，他把所有的时间都花在了佛经翻译上，再也没有踏进过繁华的长安城。

唐麟德元年（664）正月初三，玄奘应弟子们的请求开始翻译新的佛经。他勉强翻译了几行之后就慢慢地放下了经卷，说道："这部经卷与大般若经相仿。"他平静地告诉弟子们归期将至，就此停止了他19年之久的佛经翻译事业。玄奘的体力出现了衰竭的征兆，他已非常清楚自己将不久于人世。

正月初九，玄奘在屋子后边跨越一道细小的水沟时不慎跌倒，此后就病倒在床。他开眼闭眼总能看到鲜净可爱的白莲花和成百上千的人携带着华盖珍宝徘徊在肃成院，久久不愿离去。二月五日，玄奘即将圆寂，有弟子问道："法师入灭之后定往生弥勒佛前吗？"玄奘回答："决定往生。"说完之后随即往生。

唐高宗闻听噩耗不胜悲痛，一连数次感叹"朕失国宝矣"。四月十四日，玄奘安葬在长安东边的白鹿原，彼时，从皇室到百姓，从佛门到俗世，长安附近五百里内送葬队伍达一百多万人。后来因为唐高宗从皇宫的高处能望见玄奘的坟墓，经常伤心，5年之后就将玄奘的遗体迁葬于长安南边的樊川，樊川在陕西省西安市长安区，玄奘的舍利塔就屹立在这里。

玄奘圆寂之后，由他创立的法相宗分别由窥基和圆测传承下去。如今，在玄奘塔的两侧，埋葬着他的两大弟子——窥基和圆测，他们是玄奘衣钵的传人，其中窥基是西域于阗国王室的后裔，而圆测是朝鲜半岛新罗国王的孙子。今天的朝鲜半岛和日本等地，法相宗仍然是非常重要的佛教流派。

在中国佛教史上，玄奘是继往开来承前启后的一代宗师。他不仅翻译了规模庞大的经书，而且创立了著名的法相宗。19 年的时间，玄奘一共翻译佛经 75 部 1335 卷，无论在数量还是质量上，全面超越了他的前人，后来者更是难以企及。译典著作有《大般若经》《心经》《解深密经》《瑜伽师地论》《成唯识论》等。除此之外，玄奘又奉敕将《老子》等中国经典译作梵文，传于天竺。在中国的翻译史上，玄奘的地位空前绝后。鲁迅说："玄奘是中华民族的脊梁，是民族精神的代表。"深以为然！

（参考资料：《唐高僧传》《玄奘之路》《三藏法师传》）

惠能大师

释惠能（638 年 –713 年），唐代高僧，俗姓卢，今广东省新兴县人。继承了五祖弘忍的东山法脉并建立了禅宗南宗，弘扬“直指人心，见性成佛”的顿教法门，被尊为禅宗六祖。

惠能法师

从目不识丁的樵夫到彪炳史册的一代宗师，惠能的一生充满了传奇，由他创立的“不立文字，教外别传，直指人心，见性成佛”的禅学理论，曾给中国乃至世界思想文化带来了深远的影响。集中体现惠能思想的《六祖法宝坛经》，成为中国禅宗唯一一部非佛祖亲口所讲却被称为经的法本。惠能曾受到中原皇室的尊重和供养，武则天屡次迎请惠能进宫皆不受，后为其建寺造塔。

惠能出生　闻法即生出世之志

唐贞观十二年（638）二月初八日，惠能出生在广东省新兴县夏卢村，这在当时属于流放犯人的岭南地区，惠能的父亲卢行瑶就是被流放到这里的官员，他原在范阳（今河北省涿州市）做官。卢行瑶在这里定居下来以后，娶了当地的少数民族李氏为妻。

传说惠能出生时，有两位僧人跟惠能的父亲说："这个孩子应当取名'惠能'，惠者以法惠施一切众生，能者将来长大能作佛事。"惠能秉性清纯，聪颖异常，深得父母喜爱，不幸的是惠能3岁的时候，卢行瑶不幸亡故，父亲没有留下什么财产，到了该上学的年纪，母亲也没有钱供惠能读书，因此惠能的童年是在贫穷孤苦中度过的。

待年纪稍长，惠能就到附近的山上砍柴，靠卖柴所得的钱奉养母亲。惠能生活的时代刚好佛教在古代中国进入了全盛时期，唐贞观十九年（645），唐玄奘刚刚从印度取经回到京城长安，朝廷为他组织了大规模的译场。在他的主持之下译出了经论75部，1335卷，其时的惠能刚刚8岁。

唐龙朔元年（661），夏卢村的樵夫惠能刚刚24岁。这一天，惠能也和往常一样，背着刚砍下的柴火到集市上卖，途经一店，碰巧有一位客人在店内诵经，他就合掌在旁边静静地听着，听着听着就有所领悟。等客人诵经完毕，他就问客人读的什么经。客人说是《金刚经》，他急忙问："从哪里可以得到这部经？您为何持诵此经？"客人说道："黄梅县东禅寺的五祖弘忍大师，为弟子传授《金刚经》，五祖说无论僧俗，只要精进持诵《金刚经》，就能见到自性，了悟成佛。"惠能听后如久旱遇甘露，心内十分欢喜，当即表示一定要皈依五祖弘忍大师。店中有一客人，非常赞赏他的求道之心，送给他十两银子，让他将母亲的生活安排好，安心求道，惠能匆匆回到家里，将母亲安顿好后就踏上了寻法之路。

初见五祖　腰石舂米悟法妙义

经过三十天的长途跋涉，惠能终于来到了黄梅。当他拜见五祖弘忍的时候，五祖问道："你从哪里来？"惠能回答："弟子是岭南新州人，拜见您别无所求，只求做佛。"弘忍说："岭南是尚未开化的蛮夷之地，岭南人没有佛性。"惠能从容地回答说："人虽有南北之分，佛性却没有南北之分。我虽然是一个不识字的岭南人，但你我的佛性却是一样的。"惠能的回答得到了弘忍的赏识，他知道此人是上根利器。

与五祖见面后，惠能被安排到寺里做杂活，惠能的主要工作是在碓房中踏碓舂米。弘忍门下的宗风是修行结合劳作，自耕自食，这也成为日后曹溪禅的特色。

惠能干活十分卖力，为了增加踏碓的力度，他在腰间系上石块，时间久了，因为总是一条腿用力，另一侧的髋关节被石头坠得脱了臼。弘忍大师曾到碓房看望惠能，并关心询问他的受伤情况，惠能却回答说：“不知有身，何言之痛。”这一块坠腰石被保留到今天，见证着修学与劳作相结合的禅门宗风。

惠能日日辛苦劳作，没有一点疲倦抱怨之心，各种杂活都会抢着去做，这一干就干了八个多月。遇到讲堂中五祖弘忍升座说法，他便竖起耳朵倾听，默默思考佛教甚深的微妙义理。

惠能得法　书佛偈语自见本性

唐龙朔元年（661），60 岁的弘忍大师，将要作出一个重大决定，他令众弟子各书一偈，表达自己的佛法悟境，由此选出自己禅宗的法脉传人。当时随五祖弘忍学法的弟子多达千人，其中神秀为上座弟子，众弟子一致认为他就是未来的衣钵传人，因此都没有去作偈。

神秀得闻大众的想法后，也十分为难，心想："大家都不作偈，我若做偈呈心就意味着要争夺祖师的名位，那与凡夫俗子争名夺利有什么区别呢？我虽然是为了求法，但不是争六祖的衣钵名位，可是别人怎么知道我的良苦用心呢？"最后，神秀决定在当夜三更时分，独自秉烛悄悄来到南廊，在中间的墙壁上写下了自己所作的偈颂。偈曰："身是菩提树，心如明镜台，时时勤拂拭，勿使惹尘埃。"

次日，五祖看到偈后，把门人召集起来，让他们焚香礼敬诵持此偈颂，并告诉他们依此修行，可以避免堕三恶道。

惠能此时对寺里发生的这些事情全然不知，又过了两天，一个童子经过碓房时口中念诵着神秀所写的偈颂，惠能认为作偈颂之人未见本性，待他从童子口中知道事情的经过后，便请人在西面的墙壁上作偈曰："菩提本无树，明镜亦非台。本来无一物，何处惹尘埃。"（如今，五祖寺的墙壁上，那两首偈子早已消失，后人把他俩的偈子悬挂在惠能舂米的房间，让世人来感受两位禅宗大德的悟境。）

五祖来到廊下，见到惠能的偈颂，知道他已经明了佛法大义，但看到众人的惊怪，又担心会有人加害于他，便把偈颂擦掉，并说这个偈也没有见性。第二天，五祖避开众人，独自来到碓房，看见只有惠能一人在忙碌着，便问道："米熟了没有？"惠能说："米熟了，就差筛子筛一下。"听惠能这么回复，五祖便用手杖在石头上敲打了三下，转身离去。惠能心领神会，便于当夜三更时分，悄悄来到五祖的房内，他们用袈裟将窗户挡上，然后五祖亲自为惠能讲解《金刚经》。当五祖讲到“应无所住而生其心”时，惠能言下大悟，明白一切万法不离自性。

五祖将代表传承的袈裟交给他，并对惠能说：“自古传法，气如悬丝，若住此间，有人害汝。”而当时惠能很年轻，公开付法则不可能不争不害，这件袈裟是法嗣的信体，当初由佛传给迦叶，后被菩提达摩带着到了中国，为了这件袈裟，佛教徒间的争斗极为激烈。因此为了惠能的安全，五祖命他连夜启程返乡。

躲避迫害　猎人为伍心志不移

弘忍送走惠能三天后告诉众人衣法已经南下，当大众知道衣钵的传承并非神秀而是其貌不扬的惠能后，纷纷表示要为神秀夺回衣钵，虽被神秀制止，却依然有人坚持去追赶惠能，其中有一位叫慧明的人出家前是四品将军，脚力很健，因此跑在最前面。

惠能一路南下走了两个月，来到了大庾岭，此时慧明已追赶至此，惠能便将衣钵放在一块大石头上，自己则藏入草丛之中。慧明看到衣钵马上来取，然而衣钵就好像长在了石头上一样，纵然慧明使出了九牛二虎之力，衣钵依然纹丝不动。他知道了法的义理不可思议，惠能也绝非凡夫俗子，是自己轻视了，于是大声呼喊惠能并告之自己不要衣钵只为法来。惠能从藏身处出来并为慧明说法："不思善不思恶，正与么时，那个是明上座本来面目。"慧明言下大悟，成为了惠能的弟子，这也是惠能遇到的第一个传法弟子。

与慧明分手之后，惠能继续南行，来到了广东韶州曹溪。不久，又有恶党寻逐至此，惠能只好逃到山中。恶人纵火烧山，惠能藏身于巨石之中，才幸免于难。为了保住衣钵，惠能藏身于广东怀集与四会境内的山林间，与猎人为伍，生活在猎人中间，每到吃饭的时候，他都将野菜放入锅中煮了吃，因悲悯一切众生故而从不吃肉，还时常趁着猎人不备放走网里的猎物。就这样，惠能在猎人群里生活了五年，一直到唐乾封元年（666），29 岁的惠能感到出山传法的机缘已经成熟，便决定不再隐遁下去。

大弘禅法　禅学思想影响海内外

唐乾封二年（667），广州的法性寺（今光孝寺）内，高僧印宗正在开讲《涅槃经》，一阵风吹过，寺院中的经幡随风飘舞。印宗让大家就此现象陈说法义，听众中有两位出家人各执一词，一人说幡动，一人说风动，惠能见此说道："仁者心动。"印宗闻听此言知是有来路的人，后得知是五祖衣钵传人，十分高兴，他早就听说黄梅衣法南来，不想今日得遇。他恭敬地请惠能登上法座为众人开讲佛法，大众都为这闻所未闻的精妙开示所折服。随后印宗为惠能落发并拜惠能为师，又请智光律师为惠能授戒，从这一天起，30 岁的惠能才终于正式剃度成为出家僧人，禅宗六祖的身份也随即公开于天下。据说，惠能受戒时所登戒坛，为南宋求那跋摩三藏所立，跋摩已证果位，他当初曾预言日后会有肉身菩萨在此坛受戒。

唐仪凤二年（677）的春天，惠能离开广州，回到曹溪宝林寺（今南华禅寺），他在这里扩建寺院，广收门徒，大力弘传直指人心、见性成佛的南宗顿悟禅法。宝林寺始建于南朝梁武帝天监元年，有"岭南第一禅寺"之称。据历史记载，1500多年前，一名印度高僧智药三藏来中国五台山礼拜文殊菩萨，路过曹溪口掬水而饮时发觉水甘美异常，放眼四顾后告诉弟子们："此山可建梵刹，我去后一百七十年有大菩萨在这里说无上乘，度无量众生。"而惠能后半生的大部分时间都是在这里度过的，这一时期，惠能大弘禅宗顿悟法门，主张不立文字、教外别传、直指人心、见性成佛。他用通俗简易的修持方法，取代繁琐的义学，形成了影响深远的南宗禅，成为中国禅宗的主流，四方学众纷纷来依止。

一天，从江西南昌来了一位手持锡杖的僧人，名叫法达，他7岁出家，诵念《法华经》已三千遍。他来参拜六祖惠能时，行礼而头不触地。惠能说："你如果诵读到一万遍，领悟了佛经义理，并不以此骄傲自大，就可以跟随我学习佛法。你现在自恃诵读了三千遍《法华经》而目中无人，名叫法达，却何曾通达佛法，修道人不知谦虚，如何得道？"说完诵了一首偈："汝今名法达，勤诵未休歇；空诵但循声，明心号菩萨。汝今有缘故，吾今为汝说，但信佛无言，莲花从口发。"法达听完这首偈后，十分惭愧并向惠能忏悔，惠能告诉法达："这部经是如来以一大事因缘出现于世为其宗旨，即使说了很多种譬喻，也没有越出这个宗旨。这一件大事就是佛的知见。佛的知见只在你心中，不在别处，由于一切众生都贪爱外物，牵挂尘境，因此遮蔽内心的光明，你的心与佛是一样的，所以经文说开佛知见。如果你口中诵经，心中按照经中的教导行事，那就是正确的诵经；如果你只是口中诵经，心中并没有按照经中的教导行事，那你就是诵一万遍经又有什么用呢？”法达听了六祖的开示，十分受益和欢喜，他跟别人谈到六祖的时候说道“经诵三千部，曹溪一句亡”。后来法达成为惠能十大弟子之一。由此可见，惠能虽然倡导要破除名相的束缚，但并不否定语言文字的价值。

惠能弘扬禅法的同时，他的师兄神秀也在北方当阳玉泉寺广传渐悟禅法，与惠能并称“南能北秀”。神秀时常鼓励弟子去曹溪向惠能多多参学。唐武周久视元年（700），神秀以99岁高龄入朝觐见女皇武则天，举荐惠能，称其才是禅宗的衣钵传人。武则天和唐中宗因此专门下诏迎请惠能入京供奉，惠能以自己久居山林、年迈风疾等理由婉拒了朝廷的诏请。于是，中宗赐袈裟、水晶、钵等物供养惠能，并传旨重修惠能所居住的宝林寺，又在惠能的故乡新州修建了国恩寺。惠能的影响不仅到达了北方和皇宫，也传到了海外朝鲜、日本、印度和南洋群岛等，各国纷纷来人学法，曹溪一时成为整个亚洲地区佛法传布的中心，这时，距离初祖达摩东来传法已经将近二百年。

后来，有刺史韦璩等到曹溪，请惠能到城内大梵寺说法，听众逾千人，是当时的盛会，惠能的弟子法海将惠能在此说法的内容记录整理编辑成为了《坛经》，成为中国禅宗最重要的经典。《坛经》又称《六祖法宝坛经》，是唯一一部非佛祖亲口所讲却被称为经的法本。

惠能圆寂 禅宗一花开五叶

唐玄宗先天二年（713），74 岁的惠能回到了故乡新州国恩寺。八月初三日用过斋饭之后，惠能沐浴更衣，房间内弥漫着奇异的香味，惠能把弟子们叫到身边，告诉大家自己将要离世，话音刚落，弟子们已哭声一片，只有一人神色平静，这个人就是神会。

六祖称赞神会毁誉不动，并对痛哭的弟子说：“数年山中修道，如今如此悲泣，为谁悲忧？难道是悲伤不知我到哪里去了吗？”随后惠能为徒众说了真假动静偈，阐述“一切无有真”，认为“若见于真者，是见尽非真”。同时，说明了动即不动、生即不生、去亦不去、灭亦不灭的道理。

六祖最后说：“欲求见佛，但识众生，自见本心，自成佛道，法身报身与化身，三身本来是一身。”又说遗偈：“兀兀不修善，腾腾不造恶，寂寂断见闻，荡荡心无着。”随后叮嘱大众，他灭度后依此修行，就如他在的时候。说完便不再言语，端坐片刻就安然入寂。一时间，林木变白，日月无光，百鸟哀鸣，四众悲恸，一代高僧就此撒手人世，世寿 76 岁。

惠能圆寂后，关于他的传奇并未结束。他以肉身不坏之躯至今供奉在南华寺，惠能作为我国历史上出现的第一尊肉身不坏的得道高僧，他的一生是破除一切名相的，对他而言，佛法的真义不在于一切外物之间。

惠能一生传法弟子无数，其中在惠能即将离世而神态平静的神会，成了六祖徒众中最忠于六祖思想且最有成就的一位。神会在惠能去世后，努力地将他的禅法向北方宣传，逐渐压制了北宗势力。“南能北秀”中，本来局促在大庾岭以南、只能弘化一方的曹溪禅，至此普及各地。

当时，神秀门下很多人都在传教，为争取地盘，传承显得很繁乱，其中以普寂势力最大，普寂要定神秀为六祖，普寂本人为七祖。神会认为北宗这种乱象会损害禅宗，且禅宗传法一向对内是“以印证心”，对外则“传袈裟以定宗旨”，达摩以来只许一人正式继承，而惠能是弘忍单传，袈裟就在曹溪，所以按照传统，神秀的传法是不能承认的。

唐玄宗开元二十年（732），神会在滑台大云寺办无遮大会，和崇远禅师辩论南北禅的是非，此举奠定了曹溪禅在禅宗的地位。在惠能入灭一百年后，禅者已非曹溪不足以谈禅。武宗灭法之后，曹溪禅位居中国佛教的主流地位。

经神会十几年的努力，由惠能开创的南宗顿教终于立足北方，同时也有了神会自己的传承。安史之乱后，由于神会政治上的得势，惠能六祖的地位最终得到官方认定。唐德宗贞元十二年（796），朝廷官方认定惠能为禅宗六祖，明确了正统的地位，神会确立了南能顿宗，是南禅宗的重要人物，史称禅宗七祖。

除此之外，惠能的其他优秀的弟子也各自弘化一方，其中以青原行思、南岳怀让两家弘传最盛。南岳一系衍化出临济、沩仰二家；青原一系发展为曹洞、云门、法眼三家。后来，临济宗又产生了杨岐、黄龙两派，统称为禅门的五家七宗，这正应了初祖达摩在近二百多年前的偈语："一花开五叶，结果自然成。"

"心平何劳持戒，行直何用修禅。恩则孝养父母，义则上下相怜……"惠能的这首为在家人修行所创的《无相颂》，体现了禅宗修行的生活化、平民化，对后世的哲学艺术产生深远的影响。时至今日，禅宗法脉不仅在亚洲不断发展，而且远播欧美，与西方的心理学、精神学、现象学、哲学相激荡，互成长。惠能的三传弟子怀海禅师，更提出"一日不作、一日不食"的修行，并将其写进了《百丈清规》，对后世禅寺的建设及其劳动自养制度的形成产生了深远的影响。

马祖道一

马祖道一（709 年 -788 年），唐朝高僧，俗姓马，汉州什方县（今四川什邡市）马祖镇人，世称道一、洪州道一、江西道一，是禅宗最主要宗派洪州宗的祖师。

马祖道一

佛教的发展历史上，出现了许多高僧大德，但是以俗姓称祖的人马祖道一是唯一的一位，他可谓是承载了一段佛教史的传奇。六祖曾预言：“西天般若多罗谶汝足下出一马驹，踏杀天下人。”这预言中的马驹就是马祖道一禅师。他继承发扬了六祖顿悟的禅宗修行方法，提出的“平常心是道”“即心即佛、非心非佛”思想，至今仍对世人起着重要的影响；他创丛林、建道场，完成了改变禅宗历史的功绩；他创立了中国禅宗最主要的宗派“洪州禅”，其禅学思想一千多年来影响了中国、亚洲乃至欧美国家等数以万计的人；他是佛教最伟大的教育家，门下龙象辈出。日本当代佛学大师铃木大拙称马祖道一为唐代最伟大的禅师。中国新文化运动领袖、前北京大学校长胡适指出，真正的中国禅宗不在惠能，而在马祖道一。

幼年出家　“磨砖成镜”得悟道

唐中宗景龙三年（709），马祖道一在现在的四川什邡市马祖镇马祖村马家大院出生，他的父亲是以竹篾条编簸箕、筛子维持一家生计的篾匠。马祖天生性格沉稳安静，容貌奇异、牛行虎视。他宿具慧根，12岁便在什邡县罗汉寺依处寂和尚出家。马祖出家后，十分精进用功，日日诵经打坐不止。20岁时，依渝州（今重庆）圆和尚受具足戒。

马祖听说衡山有高僧怀让，于是克服种种困难险阻，离开四川去参访怀让。衡山是我国五岳之一的南岳，有连绵七十二峰，山中道场林立，四处充满修行的风气。怀让是六祖惠能最重要的弟子之一，他在六祖圆寂后，于唐先天二年（713）到南岳般若观音台弘扬惠能学说，开南岳一系，世称南岳怀让。怀让一生忠实继承惠能衣钵，主张心性本静、佛性本有、觉悟不假外求，强调以无念为宗和心即是佛，自称顿悟法门，又叫“顿门”，因修行方法简便，僧徒众多，成为中国佛教禅宗正统。

唐开元二十一年（733），此时已经25岁的马祖时常在衡山中打坐练习禅定功夫。怀让知道这位终日坐禅的年轻法师堪谓法器，有朝一日必成法门龙象，便前往他打坐的地方点化。

怀让见到马祖便问道："坐禅图什么？""图作佛。"马祖回答道。怀让便不做声，拿了一块砖，在马祖坐禅旁边的一块石头上使劲地磨了起来。如此一连数日，马祖终于忍不住问："大德，您一连数天在这里磨砖做什么？""磨成镜子。"怀让回答。马祖非常好奇："砖怎么能磨成镜子呢？"怀让放下手中的砖头看着马祖说道："磨砖既不成镜，坐禅岂能作佛？如牛驾车，车若不行，打车还是打牛？"马祖无言以对。

怀让接着说："汝学坐禅，为学坐佛？若学坐禅，禅非坐卧。若学坐佛，佛非定相。于无住法，不应取舍。汝若坐佛，即是杀佛。若执坐相，非达其理。"马祖听了怀让的开示教诲，如饮醍醐，立马向怀让顶礼，并又请教了关于"无相三昧"的疑惑，怀让均一一作答。马祖于言下大悟，心开意解，顷刻间见到了自己的本来面目。

开悟后，马祖继续留在怀让身边整整十个春秋，修证也日趋玄奥，心地超然。在怀让的六位入室弟子当中，只有他得到了心传。唐天宝元年（742），马祖辞别他人生中最重要的恩师，踏上了弘法利生的路途。至今，在南岳衡山磨镜台景区内仍保存有"祖源"石刻，正是当年怀让磨镜之地，而磨镜台上的马祖庵正是马祖在南岳衡山创建的草庵，怀让墓则位于磨镜台后的七祖塔。

创丛林　开宗立派法筵大开

唐天宝元年（742），马祖到达建阳（今属福建）佛迹岭，自创法堂，开坛说法。这一阶段虽然很短，前后不到三年，却是马祖由学法转为弘法、自觉觉他的关键时期，在马祖思想发展过程中非常重要。在这里，他非凡的才能和智慧初露端倪，开启了他弘扬南宗禅的生涯。

天宝三年（744），马祖到达抚州（今江西抚州市）西里山弘法。马祖主张道不用修，他采用棒喝、隐语、动作、手势等方式取代以往传统的看经、坐禅，接引学人，并且开创地提出了著名的三段论——即心是佛、非心非佛、平常心是道。他的教导机锋峻烈，杀活自在，蔚然成一股自由活泼的禅风，吸引越来越多的人学习禅法，门下弟子日益增多。

马祖前瞻性地认为依照当前的情形不利于禅宗接下去的发展，若要发展必须建设道场让出家人居有定所。那么马祖之前是不是出家人就没有居住的场所呢？并非如此，唐朝诗人杜牧在《江南春》中就写道：“千里莺啼绿映红，水村山郭酒旗风。南朝四百八十寺，多少楼台烟雨中。”在南朝就建有如此多的寺庙了，为什么马祖“创丛林”还被称为改变禅宗历史的创举呢?

“丛林”通常特指禅宗寺院，故又称禅林。以前的禅僧修行是依“托钵行脚”的印度传统，僧人们过着岩居穴处或寄居律寺的居无定所式的生活。但是中国的气候环境、民俗风情都与印度不同，靠乞食托钵非常困难。虽然这一方式也曾经在武宗灭佛运动时保护了禅宗，当时好多宗派惨遭灭门之灾，佛教开始走向下坡路，而禅宗因为散居山林中的独特修行方式幸存下来，并成为这场法难之后唯一深具发展活力的宗派。马祖前瞻性地看到从前禅宗靠衣钵传扬，那是在单独的一个秘密时期，现在六祖的顿悟思想，已经传遍大江南北，而且自己门下徒众日渐增多，这已经与当时的情况截然不同。现在更需要的是群体共修，建设属于禅宗自己的丛林，只有这样才能把力量集中在一起，形成分工明确的管理，这样会更加有利于佛法的弘扬。

因缘具足，他在江西赣州找到了一个实现自己愿望的宝地——龚公山。在此之前，龚公山人迹罕至，有许多毒蛇猛兽等出没，凡是进入此山者，总是出现迷路、丢掉性命、受伤等不好的事情，久而久之，百姓们都不愿意再到这山上来，遇到了也都是绕山而行。马祖却不畏惧这些，时常到山中打坐。有一日，遇到一位紫衣神灵对他说：“我愿舍此地与你做清净道场。”说完后就不见了踪影，自此之后，山中的毒蛇猛兽等都变得十分温顺，马祖也就在这里建成了自己的寺院，这就是宝华寺。

马祖在赣州共弘法了 28 年，这里是马祖禅学思想和丛林制度孕育、完善的重要时期，也是他生命中最重要的时期之一。在这里马祖形成了较为成熟的禅学思想，建立了初具雏形的丛林制度，完成了僧才的储备过程，马祖门下的许多优秀弟子如道通、智藏、怀海、自在等都是在这一时期参学悟道。

唐大历八年（773），65 岁的马祖受江西观察使路嗣恭的邀请，来到洪州开元寺弘法。洪州为江西的政治经济文化中心，唐朝时为江南西道的都督府，治所在钟陵（今南昌），开元寺为洪州所辖官寺，肇建于南朝梁代，是当时著名寺院。马祖在这里弘法了近 15 年，其禅宗学说吸引了许多知识分子和名门贵族，地方军政长官都对他屈尊枉驾，恭勤咨询，可谓四方信徒云集，声名远播，盛极一时，遂使开元寺成为江南佛教中心，创立了禅宗最主要的宗派“洪州禅”。

当时马祖的一百多位弟子散布四方，各为一方宗主，使洪州禅以江西为中心辐射到湖南、湖北、浙江、福建、江苏、安徽等中国南部，并渗透到陕西、山西、河南、河北等中国北部，甚至远传至日本、韩国、越南等国家，足见其影响之大。

《宋高僧传》述其当时盛况："于时天下佛法极盛，无过洪府，座下贤圣比肩，得道者其数颇众。"当时马祖的门下龙象辈出，入室弟子多达139人，其中以百丈怀海禅师、西堂智藏禅师、南泉普愿禅师最为闻名，号称"洪州门下三大士"。

在马祖的三大最得意弟子中，百丈怀海是浓墨重彩的一笔，他是中国禅宗史上的重要人物，是禅宗丛林清规的制定者。唐中叶时由于旧教规和戒律与禅宗发展存在尖锐矛盾，百丈怀海为求佛教发展大胆进行教规改革。他承继开创丛林的马祖，立下了一套极有系统的丛林规矩——百丈清规，修改过去从古印度传来的原始佛教的许多不适宜中国国情的规矩，比如僧众不再靠乞食，而是农禅合一。僧人从事劳作，自给自足，一日不作，一日不食。自此之后，寺庙开始有了比较独立的经济来源，这无疑大大缓解了佛教和世俗皇权的矛盾，毕竟古代物质文明还很落后，一男不耕则有人饥，全国多达几十万甚至上百万的僧众需要供养，这自然让统治者们无法接受，也是几次灭佛运动的根本原因。

除了自耕自食，他还为寺庙定下了许多规则，产生了许多执事僧出来，也就是我们现在看到的寺院管理模式，这就是佛教历史上著名的“马祖创丛林，百丈立清规”。

马祖和百丈的这次改革，为佛教的生存和发展，提供了一个坚实的基础。在以后的许多年间，哪怕面临的是战乱，佛教都能很好地得到传承和保存。

随机演妙法　度脱无量众

除了“创丛林”的创举，马祖还被后人尊称为伟大的教育家。他的一生度众无数，且门下高僧辈出。他会针对每个人的根器，实施最有个性的教导方式，在日常生活中，随时随地让人茅塞顿开。有一次一个僧人初次参见他，问他何为达摩祖师西来之意？马祖先是命前来求法的僧人到他膝下参拜，等对方跪下的时候，他出其不意一脚踢过去，僧人爬起来却开怀大笑，从此大彻大悟。

马祖反对把参禅悟道与活生生的生活实践割裂开来，他认为“平常心是道”。他常常说：“道不用修，但莫污染。何为污染？但有生死心，造作趋向，皆是污染。何谓平常心？无造作，无是非，无取舍，无断常，无凡无圣。”他在江西弘法时，一个初入道的官吏问马祖：“弟子是饮酒吃肉对呢，还是不吃？”马祖回答说：“如果饮酒吃肉，那是你应得的俸禄；如果不吃呢，那就是你的福分了。”

马祖正因为这种修行悟道全凭自然，饥来吃饭、困来即眠，但莫造作、只是平常，遇事随缘、得失从缘，心无增减、冥顺于道的安详心态，成为了一种广为中国佛教徒接受的生活态度和智慧。这也是他在六祖惠能的基础上，进一步把“不立文字，教外别传，直指人心，见性成佛”的禅宗发扬弘传，使之成为了中国佛教的一个主要宗派。

马祖的弟子中有一位叫作石巩的人，他本以打猎为生，最讨厌见到出家人。有一次当他赶鹿经过马祖禅师的庵前时，禅师迎面而至。石巩问他是否看到有鹿跑过，马祖反问：“你是什么人？”石巩回答说自己是猎人。“既然你是猎人，一定知道如何射箭吧，你一箭能射几个？”石巩回答一箭只能射一个，马祖便说：“照这样看来，你实在不懂得射术。”石巩反问：“那么你懂得射术吗？”马祖回答：“我当然懂得，我一箭能射一群。”石巩突然心有不忍，说道：“彼此都是生命，你又何忍射杀一群？”马祖说：“你既然知道这点，为什么不射自己呢？”石巩回说：“你要我自射，但总是没有下手处。”马祖掷地有声地说道：“你这人有无数劫的无明烦恼，到今天都完全断绝了。”石巩于言下了悟，立即扔掉弓箭，拜马祖为师，决意出家。

关于马祖最得意的三位弟子百丈怀海、南泉普愿和西堂智藏也有一则广为流传的公案——赏月勘徒。有一天傍晚，师徒四人在一起看月，当晚清风徐徐，明月高悬。马祖问道：“这样的光景怎么样？”西堂智藏答：“正好供养。”百丈怀海答：“正好修行。”南泉普愿则拂袖而去。

马祖便说：“智藏是参读经的主儿，怀海是位禅家，只有普愿，超然物外。”正是由于三位禅师的特点，后期智藏法师自钟陵至龚公山结茅而居，普愿法师把洪州禅发扬传承，百丈建立了丛林清规。

谈起公案和禅机锋语，就不得不提“江湖”一词的由来，其实这一内涵丰富的词语的源头正是禅宗。禅宗在唐上元元年（674）弘忍去世以后分裂为北宗和南宗。北宗以神秀、普寂等人为代表，南宗以惠能与其弟子为代表。南宗在惠能去世之后，经过其弟子神会、本净和南岳怀让、青原行思等人的传法活动，在“安史之乱”以后已经传播到南北方广大地区，社会影响日益增大。在这个过程中，怀让的弟子马祖道一和行思的弟子石头希迁表现最为突出，从他们开始，南宗逐渐发展成为中国禅宗的主流派。他们两位，一位在江西，一位在湖南。于是，当时云游四方、参禅悟道的青年学僧们不是投在江西马祖这里，就是投在湖南希迁那里，所以人们习惯地称之为“走江湖”。

关于马祖的公案佳话不胜枚举，本书只是略提一二，由此也可窥见马祖度人的大智慧和善巧方便。当年六祖就曾经对南岳怀让法师说道："西天般若多罗谶汝足下出一马驹，踏杀天下人。"这个"马驹"指的就是马祖道一，因为他这里门下高僧太多，每个人又都能继续弘法。"踏杀天下人"的马祖果然应验了祖师预言，六祖惠能的后世，以马祖的门叶最为繁荣，禅宗至此而大盛。由他门下开衍出临济宗、沩仰宗二宗，当时也有"临济弟子满天下"的说法。

当年达摩祖师西来东土时曾经说过"一花开五叶，结果自然成"。禅宗的临济宗、沩仰宗、云门宗、法眼宗、曹洞宗等五宗七派其实就是从青原行思和南岳怀让这里开始"散叶"出去的，而马祖又在这一段佛教史中，尤其是禅宗的发展史中起着承上启下、改革创新的关键作用。

马祖圆寂　学说影响古今

唐德宗贞元四年（788）的正月，80 岁的马祖率弟子登建昌石门山（今江西靖安县宝峰镇），在山林间漫步时，爱其山水奇胜、洞壑平坦、环境清幽，就对身旁的人说："下个月我的这把老骨头就要到这里来了！"

二月初一时，马祖身体康健，形容举止如常，忽然请求沐浴。沐浴后更衣结跏趺坐，端然安详而逝，世寿 80 岁。彼时百鸟哀鸣、天地含悲，四方信众痛失人天良师。据说，临终前，有人问：和尚身体如何？马祖回答：“日面佛（寿命为1800岁），月面佛（寿命只有一昼夜）。”这是马祖圆寂前留给世人的最后一则公案。

马祖圆寂后，弟子奉灵骨归葬于建昌（今江西靖安）石门山泐潭寺。著名文人包佶为他写了碑文，唐朝文学家、宰相权德舆为他写了《塔铭》。马祖的言行，后人辑有《马祖道一禅师语录》（又称《大寂禅师语录》）、《马祖道一禅师广录》各1卷。唐元和年间（806年–820年），宪宗赐马祖谥号“大寂禅师”。清雍正十三年（1735），世宗加封马祖为“普照大寂禅师”。

创丛林、建道场、续法脉，把一生献给众生的马祖在完成了改变禅宗历史的创举后渐已远去，他在江西所建设的四十八个道场，以及“即心即佛，非心非佛，平常心是道”的学说，至今影响着世人。

莲池大师

莲池大师（1535年–1615年），俗姓沈，名袾宏，字佛慧，别号莲池，因久居杭州云栖寺，又称云栖大师，与紫柏真可、憨山德清、蕅益智旭并称为明代四大高僧，被后世尊为中国净土宗第八代祖师。

莲池法师

明末时期，佛教在我国的发展呈现颓废之势。当时，佛教各宗后继之人匮乏，社会各界对于佛教的支持也不复从前，直到明朝晚期出现了几位高僧力挽狂澜，使得佛教再次兴盛。其中的莲池，位列明朝四大高僧之一，他提倡一心念佛，毕生严守戒律，广行善事；非佛言不言，非佛行不行，非佛事不作；他降服虎患，大旱念佛而降大雨；在云栖寺制定清规，大兴佛法；临欲命终，提前半月而知。其才华足以经邦济世，教化足以契众生的根机，操守足以警励世人，被憨山称为法门的周公和孔子，被后世尊为中国净土宗第八代祖师。

体悟无常　辞亲割爱决意出家

明嘉靖十四年（1535），莲池出生在杭州一户名门望族的家庭，起名沈袾宏。父亲沈德监，号明斋先生，母周氏，贤惠善良。沈袾宏自幼天资聪颖，勤学儒家经典，他天性纯朴，对人对事虚怀若谷，温文尔雅。17 岁的时候补诸生，并以广博的学识和感人的孝行闻名乡里，受到人们的称赞。补诸生一般指进入国学学习，类似于今天的免试入学，可见沈袾宏少年时期十分优秀。

沈袾宏年幼的时候，邻居有一位老婆婆，每日念佛号数千声，常年如此，十分精进。他就问那个老婆婆："为什么您每天都要念佛不休息呢？"老婆婆说："我的丈夫生前一直念佛，去世的时候没有任何疾病，和人告别之后就念佛安详而逝，走得特别好，可知念佛的功德不可思议呀，所以我也常常这么念佛。"袾宏听后深受启发，从此便栖心净土。为了警策自己精进用功，袾宏特于案头上书"生死事大"四字。他常常叹息说，"人命过隙耳，浮生几何"，人命在呼吸间，一生不过几年光景。

袾宏 20 岁左右的时候遵照父母之命，娶了张氏为妻，生了个可爱的儿子，全家人享受着天伦之乐。然而世事无常，在他 27 岁的时候父亲不幸去世，三年守孝还未满的时候独生儿子又因病夭折了，痛失爱子，妻子张氏也因为悲伤过度而撒手人寰。原本幸福的五口之家只剩下母亲和他相依为命，接二连三的打击让袾宏深感无常，产生了出家的念头。然而母亲希望他能再娶一妻延续沈家的香火，袾宏是个孝子，虽然他无意再娶妻子，但依然对母亲说道："我的一切，都听从母亲的安排。"于是，在母亲的安排下，他迎娶了汤氏作为续弦夫人。汤氏生性善良而有佛缘，夫妻二人和睦相处，相敬如宾。两年之后，袾宏的母亲也过世了，料理完后事的袾宏对尘俗之事完全心灰意冷，出家的念头也更强烈了。

到了除夕的晚上，家家户户都喜迎新年，而袾宏却一人独坐阅读《慧灯集》。夫人汤氏捧了一杯茶过来，往桌子上放茶杯的时候，不小心失手摔碎了茶杯，正在安静看书的袾宏，听到了碎裂声，并没有责怪妻子，而是笑着说道："杯子碎得好啊，这说明你我的因缘到了分手的时候了，恩爱无常，随时都会消失，了生脱死才是人生重大紧要的事情。我已决意出家修行，此次分别，夫妻之情永断，唯有道情。你自己好好保重自己。"汤氏听后泪流满面，哭着说道："你且先走一步，不用分心挂念我，我自有打算。"袾宏听后，内心百感交集，忆念从前人生，奋笔疾书一气呵成作七笔勾词：

恩重山邱，五鼎三牲未足酬。亲得离尘垢，子道方成就。嗏！出世大因由，凡情怎抛？孝子贤孙，好向真空究。因此把，五色封章一笔勾。

凤侣鸾俦，恩爱牵缠何日休？活鬼乔相守，缘尽还分首。嗏！为你两绸缪，披枷带杻。觑破冤家，各自寻门走。因此把，鱼水夫妻一笔勾。

身似疮瘤，莫为儿孙作远忧。忆昔燕山窦，今日还存否？嗏！毕竟有时休，终归无后。谁识当人，万古常如旧。因此把，桂子兰孙一笔勾。

独占鳌头，慢说男儿得意秋。金印悬如斗，声势非常久。嗏！多少枉驰求，童颜皓首。梦觉黄粱，一笑终无有。因此把，富贵功名一笔勾。

富比王侯，你道欢时我道愁。求者多生受，得者忧倾覆。嗏！淡饭胜珍馐，衲衣如绣。天地吾庐，大厦何须构？因此把，家舍田园一笔勾。

学海长流，文阵光芒射斗牛。百艺丛中走，斗酒诗千首。嗏！锦绣满胸头，何须夸口。生死跟前，半字不相救。因此把，盖世文章一笔勾。

夏赏春游，歌舞场中乐事稠。烟雨迷花柳，诗酒娱亲友。嗏！眼底逞风流，苦归身后。瞬息光阴，懡㦬回首。因此把，风月情怀一笔勾。

祩宏作词完后随即离家，礼拜西山性天和尚落发出家，汤氏不久后也削发为尼，法名叫作祩锦，又称太素法师。据记载太素出家12年后，设立了孝义庵，莲池还帮助她们制定孝义庵规二十九条，并且嘱咐庵内的尼众，切记要痛思生死大事，一心念佛求生净土。后太素念佛往生，已经80高龄的莲池亲自参加了太素的荼毗仪式，并且为她建立了舍利塔。

德行泽民　云栖寺里佛法兴

祩宏出家后受具足戒，自号“莲池”以表自己向往西方极乐世界的意志。此后，莲池便云游四方，因为这期间还在为母亲守孝，他就把母亲的灵牌放在怀中，每次吃饭时必先把灵牌供起来自己再吃，每睡觉前必先把灵牌恭敬奉立然后再睡觉，他总觉得自己德行不够，不能报答慈母恩之万一。

当时北京有两位非常知名、道德也非常高尚的大禅师，一位是笑岩禅师，另一位是遍融禅师。莲池从杭州出发与同伴行脚数千里去参拜两位大德，并且非常恭敬地请法。两位禅师对他们说：“要守本分，不要逐名逐利，要深信因果，要老实念佛。”除此之外并没有和他们谈高深玄妙的禅机和佛法。

“我们走了几千里，还以为能参什么很好的道理，这几句话很平常啊，谁都能说得出来啊。”同行的人都这么说。

“我却恰恰认为这就是两位大禅师最可贵的地方，他们一辈子修行，哪里就讲不出高深玄妙的话？他们不说这些，而是把最真实受用的几句话传授给我们，作为一个出家人，如果能够做到深信因果，不逐名逐利，能老实念佛，一定会得到很大的利益。真的是非常感恩戴德，要用心受持才好。”莲池和同参道友们说。他觉得这一趟没有白来，内心非常感动。

回来的路上，他用至诚的恭敬心思考着禅师的话，并不停地念诵佛号，一心专注在自己的念头上，突然听到一阵鼓声，若有所悟，当时就作了一个偈子：

二十年前事可疑，三千里外遇何奇？

焚香掷戟浑如梦，魔佛空争是与非。

二十年前，他对生死大事就有疑情产生，但这个疑情，在他从南方到北京参学的三千里外，才在这一鼓声中，把这个疑团解开了。

莲池参学到杭州的五云山区时，见云栖山清幽秀丽，茂林修竹，很适宜修行，便打算在这里盖一座茅棚居住修行。当地的百姓都劝他不要在此山安住，这座山中有很多老虎经常伤害当地百姓。但莲池内心没有一丝恐惧，依照计划结茅而居。

一夜，山中老虎饥饿，绕着茅棚吼叫不止，莲池盘腿而坐，持诵佛号，并心生慈悲，为这些老虎放瑜珈焰口和诵经施食。一大早，当地的百姓因担心莲池的安危上山看望，他们听了一晚上的老虎叫声，料想此次一定凶多吉少，估计他已葬入虎口。没想到到达茅棚后，发现莲池安然无恙，面色如常，对昨夜虎患一事只是淡淡提及。大伙内心对这位出家人十分佩服，此后，老虎伤人的事情再也没有发生了，人们对莲池的德行和佛法的造诣更加赞叹，自发出资捐钱，为大师建立了禅堂和法堂。

又有一年，五云山区大旱，庄稼眼看就要枯死，村民到莲池这里来希望他能帮忙祈祷上天降雨，莲池笑着回答："我只知道念佛，并没有什么法术可以降雨。"无奈众人依旧坚持请他降雨，不得已，莲池就沿着田埂边走边敲击木鱼念佛。不一会儿，雨就哗哗地下了起来，村民们十分欢喜，惊叹于佛法的高深，大家再次出资出力扩建寺院，自此大师法名大振，四方佛子都来依止他修行，不久便成为了远近闻名的修学丛林，取名云栖寺。

当时，梵村有一座残破的朱桥，钱塘江大水倒灌冲塌了这座桥，给人们的行走带来极大的不便，莲池提议当地居民不论贫富贵贱每人捐银八分重建此桥，有人认为造桥工程量大，劝莲池多征银两，莲池拒绝加重人们的负担。没过多久修桥必需的资金凑齐后，他就召集工匠开始打地基修桥梁，每每动工莲池都会持咒百遍，潮汐竟然连着很多日没有来，桥也因此顺利建成了。

莲池的一生除了极力主张念佛法门外，特别推崇放生。寺里定期开放生法会，寺前建有很大的放生池，山中也设有放生的场所，众僧受他的影响，每天都会从自己的口粮中节省下谷物来喂养动物。到了后来就算是那些喜欢鸣叫的鸟类，一听到寺中的木鱼声，都会停止鸣叫，安静地听法，听完后才会继续鸣叫或展翅高飞。由莲池著作的《戒杀放生文》至今还在流通。

管理有道　普劝大众修持念佛法门

莲池博通诸宗，不但是净土宗的祖师，也是华严宗的名僧，因此受到两宗学人的敬仰，然而他却一心导归净土。有人问："大师，你修行的方法是什么？"他说："我平生所务，唯南无阿弥陀佛六字。"

莲池认为念佛是大总持法门，含摄菩萨六度万行，囊括一大藏教理的精义。戒乃防非为义，若能一心念佛，诸恶不敢入，即戒也；定乃除散为义，若一心念佛，心不异缘，即定也；慧乃明照为义，若观佛声，字字分明，亦观能念所念，皆不可得，即慧也。如是念佛，即是戒定慧也。

莲池非常注重菩萨戒、比丘戒，在戒律方面非常有戒德。他深感末法众生，业深垢重，修行应以戒律为根本。因而在南北戒坛久禁不行的情况下，要求希望受戒的佛子具三衣在佛前受戒，莲池为证明。已受戒者，半月诵《梵网经戒》及《比丘诸戒品》。

莲池虽然性情温和，但赏功罚过凛若冰霜。自建立道场以来，五十年中不曾随便动用寺中任何钱财，凡有多余的钱财就会布施给其他的寺院，或者买药布施给百姓，或者修桥补路等，各种善行不胜枚举，一直到晚年还亲自动手洗衣、净溺器，从不烦劳侍者，一顶麻布蚊帐用了几十年也不更换。

他住持的道场用《僧约十条》《修身十事》等清规来规范出家人，所订僧约计有：敦尚戒德约、安贫乐道约、省缘务本约、奉公守正约、柔和忍辱约、威仪整肃约、勤修行业约、直心处众约、安分小心约、随顺规制约。《修身十事》有不欺心、不贪财、不使奸、不用谋、不惹祸、不侈费、不近女、不外骛、不避懒、不失时。除此之外，各堂执事职责详明，夜必巡警，击板唱佛名，声传山谷。

正是由于云栖寺堂堂有规约，事事有所依，执事明其职，赏罚甚分明的管理模式和在修行上注重因果，真修实行，故而能历数百年不衰。因莲池晚年居于云栖寺，所以后世尊称他为“云栖大师”。

预知时至　著作宏富度众生无数

莲池住持云栖道场 40 多年，言传身教，接引了无数的学人同归净土。明神宗万历四十三年（1615）的六月，莲池到杭州城和僧俗朋友以及弟子们一一见面并告诉大家：“这里我就不再住了，我要到别处去了。”

回山以后，莲池又连续几天亲自下斋堂制作茶汤供养诸佛和大众。到了七月初一晚上，莲池嘱咐众人道：“我的这具色身如风中残烛到了该熄灭的时候，明天我就要出远门了。”众人一听，这才明白莲池要离开了，在场的大众纷纷挽留莲池住世。

第二天夜里，莲池入方丈室，示微疾闭目无语。城中的很多弟子赶到寺里围绕在他的身旁，恳请他做最后开示，莲池说道：“大众老实念佛，毋捏怪，毋坏我规矩。”言罢，便面向西方念佛，端然而逝于七月初四午时，世寿 81 岁，僧腊 50。

莲池一生著书很多，除《弥陀经疏钞》外，还有著名的《竹窗随笔》三卷以及《菩萨戒疏发隐》五卷、《具戒便蒙》

一卷、《禅观策进》一卷、《缁门崇行录》一卷、《水陆法会仪轨》六卷、《楞严摸象记》十卷、《往生集》《戒杀放生文》《三可惜》《十叹》等三十余种流行于世，其所有著作被后世弟子汇编于《云栖法汇》之中。

莲池圆寂后，弟子们将他的舍利子建塔于云栖寺的东边。两年以后，72岁的高僧憨山专程来到了杭州的云栖山凭吊莲池并为他撰写《塔铭》，两人曾在五台山结下了深厚的法缘。在《塔铭》当中，憨山称莲池平等大悲摄化一切，非佛言不言，非佛行不行，非佛事不作……对莲池各方面的成就，进行了高度的评价，称赞他是法门的周公和孔子。

憨山大师

憨山大师（1546年-1623年），俗姓蔡，全椒（今属安徽）人。法名德清，字澄印，号憨山，与莲池大师、蕅益大师、紫柏大师并称为明代四大高僧，是中国近代禅宗最大的成就者。

憨山法师

憨山是明朝四大高僧之一，为佛教的发展做出巨大的贡献。他精通释、道、儒三家学说，主张三家思想的融合，倡导禅净双修，教人念自性佛。他把中国禅宗的祖庭——曹溪，由衰败恢复至昔日兴盛，因此被称为曹溪中兴祖师。他的一生充过军、遭受过诉讼，修行之路虽然艰辛却始终不改冰雪之操。他著述丰富，其学问足以为人师，道德足以为世范。圆寂之后，肉身不坏，至今仍供奉在曹溪南华寺内。

幼年不乐嬉戏　常思生死之事

明世宗嘉靖二十五年（1546）11 月 15 日，憨山大师出生在安徽全椒县一户普通的人家里，父亲蔡彦高为金陵府全椒县居民，母亲洪氏是佛教徒，虔诚礼拜观世音菩萨。关于憨山的出生有一个传说，据说其母亲在一天夜里梦到庄严清净的观世音菩萨抱着一个端正清秀、骨骼清俊的小男孩款款向她走来，洪氏内心十分欢喜，抱过孩子爱不释手，后来就怀孕了。

憨山从小长得端正可爱，十分聪颖，深得长辈和父母的喜爱。然而在他 1 周岁的时候，生重病久治不愈，母亲祈祷观音大士救护，许诺病若能好，以后就送他去出家，给憨山起小名为“和尚”，憨山后来痊愈了。3 岁起，他就喜欢独坐，不喜欢与人嬉戏，祖父常常说这个孙儿如木桩一般。

7 岁时，疼爱他的叔父因病去世，尸体躺在灵床上，供亲人们祭奠。憨山放学回来看到叔父躺在那里十分奇怪，母亲见了便和他说：“你叔父睡了，你呼唤他，他就会起来了。”憨山便连连喊了好几声，依旧不见叔父应答。他的婶母看此情景，更加悲痛，边哭泣边喊道：“天啊，你到底去了哪里？”母亲告诉憨山：“你叔叔已经死了，所以才没有回应你。”这是憨山第一次接触死亡这件事，他十分疑惑地问：“死后是去了哪里呢？”对于这样的问题，母亲也回答不出来。

不久，另一位婶母生了一个孩子，憨山和母亲一起去探望，这是他第一次看到初生婴儿的模样，便问母亲：“这个孩子是从什么地方来到婶母的肚子里？”母亲听他如此问，忍不住拍了他的小脑瓜一下说道：“痴子，你是从什么地方进入到你娘的肚子里呢？”从此以后，生死来去的疑问常常萦绕于憨山幼小的心中。

憨山 8 岁时，为方便读书住在河对岸的亲戚家，一月回家一次。有一次回家，因为舍不得离开母亲而不肯去读书，母亲非常生气，用鞭子打了他一顿，把他赶到了河边。到了河边，他仍然不肯上船，母亲更加生气了，提着他的头发直接把他扔进河里后转身回家，刚好憨山的祖母看到了，赶紧把憨山救起并把他送回家中。

从那之后，憨山觉得母亲太心狠了，便不再思念回家，到了回家的时间也不回去。母亲常常在河对岸哭泣，祖母骂她当初太心狠，母亲回答说就是让他恋家的心死了，他才会专心读书。母亲对学业如此严格的督促，令憨山很觉辛苦，便问母亲：“读书是为了什么？”

“做宰相！”母亲回答说。

“做了宰相以后呢？”

“死。”

“可惜一生辛苦，到头来死了，做它何用，我只想做个不死的。”

“那你就去出家去。”

“我想出家，就怕你舍不得。”

“你若想出家，我便能舍。”母亲回答道。

憨山的一生受母亲的影响很大，母亲信佛，他便常常跟随母亲去寺院礼佛，听到寺中僧人念《观世音菩萨普门品》，知道观音菩萨能于世间救苦救难，心中大喜，便向僧人请了一本经书，潜心读之，不久就能完整地背诵下来。一日，憨山随母亲烧香拜佛时对她说：“您可知道有一部讲观音菩萨的经书？”见母亲不知道，大师就为母亲背诵了一遍，背经的声音就像老和尚一样，母亲听了既吃惊又欢喜。

少年出家志向不凡　西林寺护僧威信立

12 岁时，憨山因为读书通达道理，受到乡族的看重和喜爱。一日，他听闻南京报恩寺西林大和尚德行高远，便想跟随他出家。然而父亲并不同意，但母亲认为“养儿从其志”，当年十月就把他送去了报恩寺。

西林禅师看到这个孩子骨气不凡，十分欢喜，打算请好的老师继续教他读书，避免成为一俗僧。当时，无极禅师在报恩寺三藏殿内讲经，西林禅师于是带着憨山去拜见他。恰遇明代名臣、学者、南宋右丞相赵雄之后人赵贞吉也在座下听经，他一见到憨山便说："这个孩子可以为人天师表。"于是便抚摸着他的头问道："你想要做官呢还是做佛？"憨山声音洪亮地回答道："我想要做佛。"赵贞吉赞叹道："这个孩子将来一定有出息，要好好教导他。"

接下去的日子里，憨山跟随西林住持认真学习经教，并兼学习儒学及古文诗赋，不久就会背诵《法华经》，且博通黄老之学。20岁时，憨山依无极禅师受具足戒，跟随云谷禅师在天界寺结禅参玄。

这期间，憨山因为用功太急，后背上长了一个巨大的毒瘤，肿痛难忍，不能入眠。他着袈裟在韦驮菩萨像前哀切忏悔，并发愿诵念《华严经》十部，以消除自身业障。三个月后，他诵念完了十部《华严经》，这天晚上，憨山大师终于入梦，一直睡到第二天天刚蒙蒙亮，醒来发现顽固的毒瘤已经消失了，背上皮肤恢复如故。

明世宗嘉靖丙寅（1566），憨山所住的报恩寺在一场倾盆大雨中被雷电击中而引发大火，寺中大殿及百余房舍悉数化为灰烬。报恩寺是皇室建筑，按照律令寺庙被焚毁，寺院中的住持、执事等十五名首领僧人应当被处以死刑。

寺院中的其他僧侣纷纷散去，憨山孤身一人在寺院坚守，心系着师父和师兄们的生死安危，衣不解带上下奔走，在法庭与监狱之间来回沟通，历尽艰辛终于成功把众人解救出来。经过救人护僧这件事，大家都很佩服西林住持的远见卓识。憨山 21 岁时，报恩寺住持西林即将圆寂，他把全寺僧侣都召集起来，抚摩着憨山的背和大家说："在我圆化之后，寺中事务，无论大小，只要听任这个孩子的主张就差不多能够保证寺庙不遭受灾难。"当时，大家见憨山十分年轻，对西林的话还有些半信半疑，现在就心悦诚服了。

精进修行道行深不可测　流放雷州著书度众不绝

为了重建被大火烧毁的西林寺，也为了更好地修习佛法，明隆庆五年（1571），26 岁的憨山开始北游参学，游历之间与诸多名士相识，并以诗词会友。当时名士汪仲淹对憨山大师说："您天资卓异，大有文章气概。家兄是当代文宗，您何不随他从文，以成一家之名呢？"大师笑道："还是留着您老兄的膝盖，等到将来拜我老僧，听受祖师西来意吧！"汪仲淹听了很不高兴，回去以后就把憨山大师的话告诉了其兄汪伯玉。汪伯玉说："确实如此，我观察印公（指憨山）的道骨，他日必当是和大慧、中峰禅师比肩的人物，怎么肯为区区文字屈就自己呢？"

憨山认为，温暖平顺的地方不利于锻炼意志，为了磨炼自己，他托一钵在手至广陵（在今江苏扬州市）市中化缘乞食，当时正值鹅毛飞扬的大雪天，他却很乐观且豁达地说："我一只钵盂在手，足以轻看万钟厚禄！"于是称呼自己的钵为"轻万钟之具"，称自己的衲衣为"轻天下之具"。并作钵铭："尔委我以形，我托尔以心。然一身固因之而足，万物实以之而轻。方将曳长袖之风，披白雪之襟。其举也，若鸿鹄之翼；其逸也，若潜龙之鳞。逍遥宇宙，去住山林。又奚炫夫朱紫之丽，唯取尚乎霜雪之所不能侵。"足见大师的梵志高远，冰雪之操。

明万历元年（1573），28 岁的憨山游五台山时，见憨山奇秀，乃取"憨山"为号。憨山 30 岁的时候，同妙峰禅师上五台山住茅棚，当时见万山冰雪，四周寂静，就决定在这里好好修行。后来天暖冰消，涧水冲激，其声如打雷一般，如千军万马出兵之状，憨山感觉非常喧扰，就去问妙峰是否也和自己一样听得如此惊天动地。妙峰回答："境自心生，非从外来。古人告诫我们，如果我们修禅之人，用三十年的时间能够修炼到听见水声潺潺而不转动自己的心思禅念，那么就能够证通观音菩萨所说的圆通之法。”憨山听后颇受启发，就在白天寻找到一处溪流沟涧，正襟危坐在上面的独木桥上刻意修炼。刚开始的时候，他听得水声如雷鸣般响彻，过了一段时间，他便渐渐地忘却了自己身在何处，以至于大自然里的种种声响万籁，也一齐离他的身心远去，仿佛真的不存在了似的。从此憨山再也不为响声所干扰了。

为了报答佛恩，憨山在 32 岁时刺破肌肤，用自己的鲜血来抄写《华严经》，每落一笔，念佛一声。在这期间，憨山大师常有殊胜梦境。有一次梦到清凉大师为他开示入法界圆融观境，讲说佛刹互入、主伴交参、往来不动之相，醒后自见心境融彻，不再有疑碍。

又有一次，憨山梦见自己升向天空，当升到无边无际的高空时，又逐渐飘落下来，大地在下面像一面镜子那样平滑光亮。这时，在无穷的天空中出现了一座广大无比又雄伟壮观的楼阁，在楼阁中又现出了世间的人事往来，就连最小的市井鄙恶之事，也都容含在那里。在楼阁的正中央有一个紫金焰色的宝座。憨山心里想：“这大概就是金刚宝座了。可为什么在这样清凉的世界中，有夹杂这些杂秽的楼阁呢？”这念头一起，楼阁即刻去远了。“一切净秽的境界，都是由我心而生的”。憨山即刻思惟着心生万法的道理，楼阁竟然又近了，只见金刚座前侍立着许多身材高大、相貌端严的僧众。

忽有一位比丘从金刚座后面出来，手捧一卷经书，径直走到憨山面前说："和尚叫我把这卷经书授予你。"憨山接过一看，全是自己不认识的黄金色的印度梵文。他将经书收起后问比丘："和尚是谁？"比丘回答说："是弥勒菩萨。"憨山非常高兴地跟随比丘到了大殿下瞑目敛念而立。过了片刻，忽然听到鸣击声，弥勒菩萨已经登座，并开示说："分别是识，无分别是智。依识染，依智净。染有生死，净无诸佛。"憨山听到这里，身心忽然顿空，从这之后，憨山的功夫日趋成熟，身体强壮，面色如玉，即使在酷暑中行走，也无半点汗水，晨夕盥沐时，盆中之水依旧清澈无浊。

也许憨山在梦中与佛结缘的故事更像是神话传说，但是根据相关历史记载，憨山正是有此经历，才在对佛教的各个宗派都十分精通的情况下，着重推崇弥勒净土，并积极主张禅净双修的修行理念，引起了不小的反响。与其说憨山大师梦中奇遇是他精诚所至得到菩萨指引，不如说憨山大师梦中得到的指引皆为自己心中所悟。

憨山的道行深不可测，曾有一日，有一僧来顶礼，还未礼毕时，他击扇喝道："杀人贼，见我作什么！"知客僧听见急忙赶来，那礼拜僧一句话不说就离开了，大众都惊愕不解地看着。第二天这名僧人就被官府所捕，大众这才明白憨山的神通妙用。

然而，一件事情的发生却让 50 岁的憨山身陷囹圄。神宗万历二十三年（1595），因受大内宦官内斗的拖累，憨山被皇上以私自建寺的罪名，流放到雷州充军。当时城中士民老小及微服的官员知道憨山被充军后倾城而出，涕泣追送。

从北京到明朝陆地版图最南端的雷州半岛，步行是非常艰难，何况憨山还是作为“钦犯”被押解而去。幸运的是，此前已有奉教的权贵写信给广东的陈总督请他关照憨山，有沿途驿站供应食宿车马，憨山一行从广州至雷州也就不那么辛苦了。

十月份的时候，憨山带着侍者福善南行到韶关，特地到曹溪南华寺礼拜六祖肉身，直到第三年的三月份才到达雷州。当时的雷州正在闹旱荒，路上饥民死亡无数，望之十分凄然。憨山立即发动当地民众，将这些饥民的尸首一一掩埋，紧接着他又亲自登坛，超度死者亡魂。

八月份的时候，他接到命令到广州，广州的官民感念憨山慈悲为怀，佛法高深，纷纷来拜见他。憨山简单搭建一间禅室，穿着罪犯的服装登座为大家讲经说法，盛况空前，开创了岭南的佛教风气。在被流放雷州的最为失意时光中，憨山写下了最为得意的《观楞伽记》等著作，以至于他遇赦离开雷州北归的时候，已名满大江南北。

成为曹溪中兴祖师　著述宏富为历史罕见

明万历二十八年（1600）秋，南韶长官祝公请憨山入曹溪，曹溪原是中国禅宗的祖庭，但到了明末已渐衰败，不少僧侣开始不守戒律，有些甚至破戒食荤饮酒。憨山在感到痛心的同时毅然站出来进行整顿，花了近一年的时间开辟祖庭，选僧受戒，设立僧学，订立清规恢复佛门清净，一年之间，百废俱兴。

三年后，达观和尚在京师因《妖书》事，被捕下狱又累及德清，仍被遣还雷州。明万历三十四年（1606）八月，明廷大赦，憨山于是再度回到曹溪复修南华寺大殿，并亲自到端州采运大木。其间有僧诬告他私用净财，诉讼于按察院，他为了应讯，船居芙蓉江上长达两年之久，几次大病都几乎要死去。后来真相大白，他坚决辞去曹溪住持的职务，到广州长春庵，为众讲经。

明万历四十五年（1617）五月，憨山在庐山五乳峰下结茅庵，效仿东晋慧远大师遗风，精修净土法门。当时有海阳禅人求授戒法，并请问修净土之要。憨山开示说："佛说修行出生死法，方便多门，唯有念佛求生净土，最为捷要。此之法门，乃佛无问自说，三根普被，四众齐收，非是权为下根设也。"针对当时有人高抬参禅、鄙薄净土的偏见，憨山对比禅净二门的特点认为“要出生死，念佛岂不是出生死法耶？参禅者多未必出，而念佛者出生死无疑。唯此净土法门，世人以权目之，殊不知最是真实法门”。

明天启二年（1622）十二月，憨山应韶阳太守张公之请，再度回到曹溪为众说戒讲经，盛况空前。禅宗在盛唐时期出了六祖禅师、怀让禅师、马祖禅师、石头禅师、百丈禅师、黄檗禅师、临济禅师等巨匠，到了南宋时期宗门衰危，又经元朝统治，宗门得证“正法眼藏”微妙心印者几乎断灭，一直到明朝经过憨山不遗余力的弘扬才恢复旧观，因此他被称为曹溪中兴祖师。

憨山精通儒、释、道三家学说，主张三家思想融合。倡导禅净双修，教人念自性佛，其思想见解与禅宗六祖惠能大师非常相契合。他的一生不仅在修持上为众生树榜样，且著述宏富，为历史罕见。著作有30多种，共200卷，计250多万字。注疏类作品主要有：《华严经纲要》八十卷、《法华击节》一卷、《金刚经决疑》一卷、《圆觉经直解》二卷、《般若心经直说》一卷、《大乘起信论疏略》四卷、《大乘起信论直解》二卷、《肇论略注》六卷、《观楞伽经记》八卷，还著有《性相通说》二卷、《憨山绪言》一卷以及一些分析和发挥儒道两家思想的作品，如《观老庄影响论》《大学直指》《中庸直指》等，其门人编有《憨山老人梦游集》行世。

功德巍巍成就肉身不坏　至今供奉南华寺内

明天启三年（1623）十月，憨山身体抱恙，他深知自己世缘将尽，便把大众召集起来十分淡然告诉大家："老僧世缘将尽矣！""勿惊惶，依佛制，不得披麻孝服，不得悲哭。"有僧请他作最后的开示，他说："金口所演，尚成故纸，我又何为？"后焚香趺坐端然而逝，世寿78岁高龄，而僧腊则长达59年。憨山逝去时，正在流淌的曹溪水流突然断流并干涸，寺院周围数里百鸟哀鸣。到了晚上，金色光照冲天而起，照得黑夜如同白昼一般，痛失人天导师，天地含悲。

憨山的灵体在寺院中停放了三天，即将装入灵龛时，身体与四肢依旧十分柔软，全然不像已经圆化了几天的样子。明天启四年（1624）正月二十一日憨山安葬于匡山，因匡山地多阴，20年后又从匡山迁返广东曹溪。

到达曹溪时，大众开灵龛瞻视，只见憨山结双跏趺坐，面色鲜红如生，衣服尚新，但开龛以后衣服立即见风零星飘碎。当时有一僧人建议依天竺的方法用海南旃檀抹涂身体，众人一致赞同。涂完身体后，弟子们恭恭敬敬为大师肉身披上了千佛衣，供奉于憨山寺内，即今天的曹溪南华寺内。

观大师一生行迹，无论是与诸士子大夫交往，还是身陷囹圄时，凡行化之处，无不体现出邈然高蹈的僧格。他殚精竭虑中兴曹溪，致力于三教融合，为佛教的发展贡献了自己的一生。如今，全国各地数以万计的人们因为敬仰憨山的德名，不远万里纷纷来朝拜他的肉身，而他亦以此不坏之身默默摄受着一切有缘众生。

虚云法师

虚云法师（1840 年 -1959 年），俗姓萧，名古岩，别号幻游，生于福建泉州，原籍湖南湘乡，中国近代著名禅宗高僧。

虚云法师

虚云法师是中国禅宗第十七代祖师，中国佛教协会首任名誉会长，也是现代中国禅宗代表人物之一，他传法曹洞，兼嗣临济，中兴云门，匡扶法眼，延续沩仰，以一身而系五宗法脉，法嗣信徒达数百万众，被誉为禅宗泰斗。他整顿佛教丛林，兴建名刹，坚持苦行长达百年，历坐十五个道场，重兴六大祖庭，一生经历十次劫难和四十八件奇事。他传奇的一生，堪称一部生动的中国佛教近代史。

虚云出生　母受惊吓而亡

1840 年，第一次鸦片战争爆发，泱泱中华遭受了有史以来最大的屈辱，尊严被洋人肆意践踏，虚云正是在这一年出生。

虚云的父亲叫萧玉堂，在泉州府任职，母亲颜氏信奉观音菩萨，夫妇二人虽结婚多年，但却一直没有生育。一天，颜氏夫人去永春东城外的一座观音寺祈福求子，看到这里的观音寺非常残破，而且从县城到观音寺所经过的桥也多年失修，颜氏便发愿要尽力修缮观音寺和造桥。

当天晚上，萧玉堂夫妻俩做了同一个梦，梦见一位身穿青袍的长须老者，头上顶着观音像，胯下骑着老虎，过了东关桥直奔自己的住所而来，一路进了大门又进了卧室，最后竟然跳到了自己的床上。不久，多年不孕的颜氏夫人突然就怀孕了，并于第二年生下了虚云。

据说，虚云出生时是一个肉球，母亲看到后大为惊骇，以致惊惧而亡。直到傍晚，一位卖药的老翁经过后帮忙剖开了肉球，看到里面是一位白净的大胖小子，给孩子取名萧古岩。此后，虚云一直由继母王氏抚养长大。

虚云生性聪慧而淡泊，不爱与同龄人嬉戏玩闹，父亲早早为他请了儒家的老师教他读书，他十分喜欢。萧玉堂见虚云吃饭时，很少吃鱼肉之类荤腥的菜，就劝他吃肉，年幼的虚云回答："大鱼大肉，荤腥难以下咽。何况，杀生以维吾生，于心何忍？"

那时的虚云并未接触过佛教，一直到清咸丰二年（1852），虚云的奶奶过世，他随父亲护送奶奶灵柩回老家湖南湘乡安葬，在老家看到僧人为奶奶做超度法事，庄严的僧人、清净的诵经声以及众多法器，无不让13岁的虚云感到亲切。

同年中秋节，虚云还在湘乡老家居住。一次，跟随本族的一位叔叔去南岳衡山进香，游遍了衡山上的大小寺庙后，虚云流连忘返不愿回家。叔叔看到侄子的表现，曾一度和萧玉堂说，这孩子日后只怕和佛门有缘了。这自然不是萧玉堂希望看到的，他年近四十才有了虚云这么一个儿子，从小就当作宝贝，并寄予厚望，他希望儿子将来进入仕途为官造福百姓，光宗耀祖。

道心坚固　娶两房妻子而无染

虚云从湖南回到泉州后就开始翻阅家里的藏书，萧家藏书很多，虚云最喜欢的是和佛门有关的书籍，随后四年间，虚云遍读佛家经书，深感佛教义理不可思议，萌生了出家的念头。

一日，虚云趁家人不备逃离家中，准备去出家，不料在去南岳的路上被截回，于是只能暂时放弃出家的念头。在当时，儿子要传宗接代、继承家业、光宗耀祖是人们根深蒂固的观念。虚云作为独子，是整个家的希望。为了断他出家的念头，萧玉堂着手给他娶了两房妻子，希望能让儿子沉醉在温柔乡里，从而打消出家的念头，那一年，虚云 17 岁。

虚云的两个妻子，一个姓田，一个姓谭，婚礼之后，虚云面对两位貌美如花的妻室竟然毫不心动，虽然同居一室却从不亲近，并日日向两位新娘讲说佛经，时间一长，三人竟然反而成了同道中人了。

清咸丰八年（1858），19 岁的虚云给田、谭两位妻子留下了一首《皮袋歌》后便背着父亲偷偷带着堂弟萧富国跑到福州的鼓山涌泉寺剃度为僧。在那个讲究“不孝有三，无后为大”的年代，他带着堂弟出家的行为直接断了萧家三门的血脉（虚云曾过继给叔伯，兼祧两房）。自此，在俗尘里的虚云便背上了“无情无义、不忠不孝”的骂名。

不惧苦行　出家后精进不止

虚云出家后一心向佛，咸丰九年（1859）依福州鼓山涌泉寺妙莲和尚受具足戒。为了避开父亲的寻找，虚云到涌泉寺后的岩洞中修行了整整三年，堂弟则四处云游访道去了。在这三年里，虚云每天礼拜《万佛忏》，作为自己的修行功课，山洞中每每遇到老虎，虚云亦不畏惧，老虎竟也不曾伤他。

到了同治元年（1862），寺中执事到山洞中告知虚云，他的父亲已辞官还乡，虚云便不再躲藏，回到寺中担任执事服务大众。

在鼓山任职期间，虚云每天保持过午不食的习惯，只吃一顿斋饭，但他的体力却十分强健。他担任过水头（负责挑全寺僧众的饮用水），充当过种菜的园头，还担任过作斋堂里的行堂（为大众添加饭菜）……无论什么样的苦差事，他都认真负责，毫无怨言。

为了领悟更多的佛法，虚云辞去寺中执事职务，又独自回到后山的岩洞中去苦修，他饿了就吃松毛或者青草，渴了就喝山间泉水，每日参禅礼忏，坚持不懈，力求早证菩提，日子久了，他的胡须和头发已经长到一尺多长，裤子和鞋都磨烂了，只剩下一件破烂的衣服勉强遮蔽身体，有些去山上打柴或者过路的人，偶然会看到虚云，都以为白天见到了山精鬼怪，仓皇而逃。住山洞期间，虚云在参禅打坐入定的时候，经常会有一些奇妙的胜境发生，但他并不执着。

虚云在山中修行数年后，便出发到各地参悟佛法，这一出发就是几十年，他先后在浙、苏、皖一带名山大寺，学经参禅，其间，他更是尝试了苦修，并在融镜法师座下修学五年。多年以来，虚云法师云游四方，一直过着清贫的生活，一人一碗一杖，走过了大江南北。路边的野菜经过简单的处理就能果腹，一个能避雨的山洞就能住上一宿，常年身穿一件青布衫，四处漏洞，也一直穿着没有买新衣服，但他乐在其中。

报父母恩发大愿　感文殊菩萨相救

清光绪八年（1882），43 岁的虚云到达了浙江普陀山。也正是在虚云抵达普陀山后不久，一个小和尚不远万里追寻而来。

找到虚云后，这个小和尚将一包东西递到虚云手里并告诉他，自他出家之后，他的父亲因为一直找不到他最终抑郁而终，他的继母也带着两房妻子出家了。

听到这个消息后，虚云整个人都怔住了。他轻轻打开了父亲给他留下的包裹，里面是一本萧家族谱，族谱的最后一页里，则是他和堂弟富国的名字……

想起母亲因生他而去世，父亲因为他带着堂弟出家一举断了萧家三门血脉忧伤成疾不治身亡，前尘影事，浮上心头，虚云忍不住泪流满面，于是发大愿，用三步一拜的方式朝拜五台山来报父母恩。

虚云的大愿感动了一同修行的其他四位禅者，愿与虚云同往。于是他们一行五人于农历七月一日，背负行囊，从普陀山法华庵起香，三步一拜，向五台山迈进。

朝拜之路跋山涉水，路途异常艰辛，每日前行的速度极缓，历经数月才到达常州。其他禅者后来一一放弃，只有虚云不为所动，一路晓行夜宿，无论风雨晦明，严寒酷暑，饥寒饱暖，只一心称念菩萨圣号行拜。

朝拜第二年的大年初二，虚云在河南境内乘坐渡船到对岸时，天色已晚，此刻北风紧吹，环顾四周了无人烟，虚云就在路旁废弃的茅棚内打坐，哪知道夜里竟然飘起鹅毛大雪，第二天，天地一片素裹，已无法辨清去路，又无人过往，他只好枯坐于墙角念佛数日，等待转机，然而饥寒交迫之下，体力渐渐不支，陷入了昏迷状态。

不知道过了多久，虚云隐约听到有人在问话，他吃力地睁开双眼，只见一名乞丐站在身旁。乞丐看到他被雪冻伤，在附近找了几把草，生火煮黄米粥让他食用。喝了热粥的虚云体力渐渐好转，经过交谈，知道乞丐叫文吉。

文吉见虚云身体虚弱，劝他放弃朝拜。虚云则坚定地表示，不管路途多么艰辛遥远，为报父母恩，绝对不违本誓。之后，两人告别，虚云沿着文吉留下的足迹走出了雪地，来到了孟县，晚上借宿于山顶上的破庙，不料当晚腹痛如绞，次日便发起高烧，腹部绞痛转成痢疾，但虚云不为病苦所困，每日仍强撑着坚持朝拜，到黄沙时，日夜泻数十次，起动无力，又无过往行人，只有一心念佛等待往生。

过了两日，见到西边墙下有人燃火，仔细一看，竟是文吉，虚云喜出望外地呼喊他的名字，文吉拿起火把，循着声音走来一探究竟：“大师父，您怎么还在这里？”虚云向文吉诉说沿途的种种遭遇，文吉坐在身旁仔细地聆听，一直安慰着他。

次日，文吉为虚云换上干净的衣服，并调配一杯药让他喝下。两天后，虚云的身体已完全康复，他对文吉说：“两次危险，都蒙先生救济，感恩不尽。”文吉说：“这是小事，不必挂齿！我看你从去腊到今，拜路不多，不知哪年可拜到。你身体又不好，决难进行，不必定拜，朝礼也是一样。”

虚云回答：“你的美意可感，但我出世不见母亲，母为生我而死，父仅得我一子，我竟背父而逃，父因我而辞官、而短命，昊天罔极，耿耿此心，已经数十年了。特此发愿朝山，求菩萨加被，愿我父母脱苦，早生净土；任凭百难当前，非到圣境，死也不敢退愿。”

文吉说：“你诚孝心坚固，也算难得，我今回五台，也没有什么急事，我愿代你负行李，伴送行程，你只管前拜，轻累许多，心不二念。”

虚云说：“倘能这样，你的功德无量，等我拜到五台，愿以此功德，一半回向父母，早证菩提；一半奉送给你，以酬报救助之恩。”

文吉说：“不敢当，你是孝思，我是顺便，不必表谢。”

得文吉照应四日，病已大退。二月底，二人同行至太谷县离相寺后，文吉先行离开，启程回五台山。

五月底虚云到达五台山，在显通寺挂单后，就到附近的庙宇朝拜，并四处寻找文吉，但都没有人认识他。后来，一名老僧明白因缘始末之后，对虚云合掌敬答："乞丐文吉乃是文殊菩萨的化身啊！"虚云这才明白，原来是菩萨在一路上护念他的道业。

光绪十年五月（1884 年 5 月），虚云大师以超乎常人的极大毅力，经历了无数次的磨难和无数次生与死的洗礼，用了整整三年时间，三步一拜，终于到达五台山，完成了朝拜大愿。

定心体开悟胜境　德高感虎豹护持

完成了朝拜大愿之后，虚云用了十年时间，徒步行走数万里，自陕西、四川进入西藏，在大雪纷飞的冬季，翻越喜马拉雅山口到达不丹。后来又周游尼泊尔、印度、孟加拉国、锡兰和缅甸等国，朝礼佛迹，研习经教，回国后，又遍访名山古刹大德高僧，广开法席，弘宗演教，从此在佛教界声名鹊起。

光绪二十一年（1895），56 岁的虚云过江堕水得救后，口鼻流血，容颜憔悴，在高旻寺禅堂中打禅七，昼夜精勤，万念顿息，以死为待，经过二十余日，参禅功夫进入纯熟境界。

一天晚上放晚香的时候，虚云忽然睁眼一看，只见眼前光明一片，如同白昼，内外洞澈。隔墙还看见香灯师在小解，又看见西单师在厕所里大便。再向远处看，江中行船、两岸树木，种种形色，无不一一了见。第二天，虚云向香灯师及西单师问及此事，果然如此。不过，虚云并不以此为意，只当是寻常境界而已。

到了腊月第八个禅七的第三个晚上，第六炷香开静的时候，护七法师例行给每位坐禅的法师上开水，当护七法师给虚云上开水的时候，一个不小心，开水溅在虚云的手上，茶杯随即掉在地上，随着茶杯破碎的声音，虚云疑根顿断，由此大悟，并说偈语："杯子扑落地，响声明沥沥。虚空粉碎也，狂心当下息。"

开悟后的虚云，继续四处游历，讲经说法，参访孔庙，融汇儒、释、道三学，成为了一位名副其实的高僧。清光绪二十六年（1900），中华大地遭受了前所未有的一场浩劫，以英国为首的八国联军攻占了北京城，清政府和西方列强签订了一系列不平等条约以后，八国军队才撤出北京，但战争给百姓带来的灾难却还没有结束。

洋人撤退后，西安城内瘟疫流行，陕西因为干旱引发大饥荒，数十万灾民死了一大半。此时 61 岁的虚云，闻听京城百姓遭受瘟疫之苦，便决定为百姓祈福。虚云邀请其他高僧在西安开坛做法，祈求瑞雪降临。

开坛后不久，神迹就显现，大雪纷纷扬扬降落在西安城内，气温也随之骤降，瘟疫流行的重要条件之一被切断，遏制了瘟疫的发展。慈禧太后想留虚云就任国师一职，虚云不愿太多沾惹红尘世事，一日清晨，身披百衲衣，悄然离去，去向终南山，自种自食，杜绝外扰，潜心修行。

他在终南山深处搭起草庐，开辟出一块菜地，劳作之余，深入研究佛理佛法。那一年年末之际，终南山上大雪纷飞，周围山峰银装素裹，天气极其寒冷，然而虚云并不觉得冷，独自坐在炉火边，煮着土里刨来的山芋，一边参详着佛学经文，不知不觉趺坐入定，整个人进入了奇妙的禅修境界，锅中的山芋在沸水中扑腾，而虚云却在定境感悟世界万物。

虚云一入定后，便纹丝不动，与天地融为一体。几天过去，寒风依旧凛冽，雪渐渐停了下来。雪霁后，半冬眠的虎豹出山觅食，来到大师的草庐旁。虽然此时的虚云大师完全没有抵抗野兽的能力，但奇怪的是，这些虎豹却温顺地趴伏在草庐周围，不敢惊扰，似乎护法守卫一般，可见虎豹也感其功德，自愿在他入定时前来护法。

直到新春到来，邻近山头结庐修行的复成和尚，前来探望虚云，才惊扰了护法虎豹相继离去。复成和尚见虚云入定颇深，锅里的山芋已经发霉，霉丝差不多长达寸余，便用引磬替虚云开静，虚云这才从定境中出来，招呼复成和尚落座。复成和尚见虚云双目炯炯，神气内敛，面容更加慈悲而沉稳，觉得十分惊讶。复成和尚向虚云大师详细请教了入定的情况，算出大师已经入定整整 18 日，虽然虎豹环伺，却稳如泰山，其心已入化境。

下半年，虚云再礼四川峨眉、云南鸡足，年终前到达昆明，在福兴寺闭关。

一天，迎祥寺的一位和尚前来敲门，说他们寺里有一只放生的雄鸡，这鸡穷凶极恶、争强好斗，整日闹得鸡飞狗跳，鸡群里的鸡多数都被它啄伤了鸡冠和羽毛。

虚云听说此事后就把鸡取来，对着它讲说佛经，教它三皈五戒。没过多久这只恶鸡竟性情大变，不再好斗，并且时常发出“佛佛佛”的叫声，经常自己站在树上眺望远方，也不再啄食虫子，人不喂谷物，它就不进食，每天一听到钟磬之音就跟随着和尚们一起上殿上课。

就这样过了两年，一天晚课结束后，这只鸡昂首挺立，扇动翅膀三下，做出念佛的姿势立化了，保持了数日没有变化，寺中无人不为之惊叹。

除此之外，虚云还有猛虎皈依、双鹅听经、龙王求戒、枯梅开花等等的故事，数不胜数。

历遭磨难道心坚　抗日爱国慈心洒

1912 年，民国初建，西风东渐，国体丕变，破除迷信之说大行其道，出现逐僧毁寺风潮。虚云则专志修建丛林、迎玉佛，奔走于缅甸、泰国等地。滇军师长李根源亲自督军上山，准备逐僧毁寺，并指名捉拿虚云。

虚云法师只身往见李根源，李根源问："佛教何用？"

面对李根源的质问，虚云非常明白宗教对于统治者的功用，几经辩论，李根源终于折服了，一改初衷，支持虚云法师，从而保全了寺庙。

1918 年，虚云自南洋请玉佛回祝圣寺，并重建庙宇。1920 年，虚云法师应云南督军唐继尧的邀请，前往昆明，重修西山华亭寺，遂将华亭寺更名云栖寺。

1929 年，虚云应闽籍国民党官僚林森、杨树庄的邀请，赴福州涌泉寺任住持。这里是虚云法师当年的出家之地，他着手全面振兴。一边弘法传戒，整顿道风，一边筹资扩建寺宇。

虚云法师先后修建楼、堂、阁、寮、院、庵、洞等十余处，并创办佛学院，以培养青年僧徒。

1934 年，应李汉魂将军之请，虚云法师赴广东曲江曹溪主持重修禅宗六祖惠能的道场南华寺，历时十年，终使该寺成为广东规模最大的佛教圣地，举行千佛大戒，受戒者数百人，盛极一时，吸引了广州和港澳的大批富豪前往观摩结缘，蒋介石亦为此次南华寺“同戒录”作题词：“丕正颓风”，以表彰虚云的功德。

1937 年抗战爆发，日军很快攻陷了广州，而虚云这个时候正在广东韶关组织重修南华寺。日本军人的铁蹄连佛门圣地也没有放过，他们拆毁寺庙驱逐僧人，广州的僧人大都慕名前往南华寺投奔虚云，但是僧多庙小，南华寺很快就容纳不了从广州涌来的僧众，虚云没有以此为借口把人拒之门外，而是再一次运用自己的影响力，募捐重修了韶关曲江的大鉴寺和月华寺作为南华下院，供这些逃难的僧人容身。同时，他还组织僧人救护队参加抗战。这无疑是值得赞颂的事迹。

此外，他还在寺中带领僧众每日礼忏二小时，为前线保家卫国的战士祈福，并以身作则，带领大家节约粮食，积极捐钱捐物，看到无数人无家可归，便把大监寺改成收难所，来安置他们。

1941 年，广州曲江县的人们粮食短缺，虚云知道后把 20 多万石粮食全部捐献出去，用来救济难民，随后更是四处奔走，呼吁大家积极的投入到抗日战争中。1942 年，正是抗战最为艰难的年份，虚云应当时“国府主席”林森的邀请，到重庆启建了一场息灾法会，当时重庆是抗战时期的陪都，全国各地的名人大都汇聚于此。虚云的这场法会，在一定程度上给予了人民抗战的信心。法会举办期间，大家争先恐后要求面见虚云，并以与虚云有一面之缘为幸运，馈赠礼物者更数不胜数。虚云离开时，收集的古玩字画装了五大箱子，不过虚云并没有把这些世俗之物放在眼里，在回广东的路上，虚云把这些古玩字画，都分送给了沿途的寺庙，自己没有留下一件。

1944 年，虚云主持的南华寺重建完成，虚云和尚又担任起了重建云门寺的重任，此时虚云已是 105 岁的高龄。云门寺是云门宗始创者文偃禅师的道场，数年前虚云途经该地，只见荆棘丛中残存破寺及祖师肉身一尊，祖庭沦落至此，他忍不住凄然泪下。于是在 105 岁的高龄又开始了筚路蓝缕、重建云门的生涯。

1949 年夏天，虚云在香港讲经，香港众弟子考虑到他的安全，一再劝阻他返回内地，请他住在香港或渡海前往美国，但他却这么说：“至于我本人，似另有一种责任。以我个人言，去住本无所容心，惟内地寺院庵堂现在正惶恐不安，我倘留港，则内地数十万名僧尼，少一人为之联系护持，恐艰苦愈甚，于我心有不安也！我必须回去。”他毅然回到云门，带领佛源禅师、本焕禅师、朗耀禅师等一大批弟子，在内地坚守祖庭，弘扬佛法，发展生产，努力促进社会安定，稳定人心。

如果不是虚云那种“至于我个人，似有一种责任”的使命感，怎么能在全国佛教徒心目中有这么高的德望，在中华人民共和国成立后，振臂一呼发起成立一个全国性的爱国佛教组织“中国佛教协会”呢?

虚云从 1944 年开始直到他圆寂，最主要的修行地就是云门寺，也是在这里，发生了震惊世界的“云门事变”。

1949 年中华人民共和国成立时，佛教界一盘散沙乏人提领。

1952 年春，在中央人民政府先后四次邀请下，虚云老和尚走出深山，前往北京发起成立“中国佛教协会”，此时，他已是 113 岁高龄，“坐阅五帝四朝，不觉沧桑几度，受尽九磨十难，了知世事无常”，临行前，他自书此联。“不为自己求安乐，但愿众生得离苦”，开悟得道的虚云老和尚从 55 岁开始，以“至于我个人，似有一种责任”为使命，为新中国成立后佛教恢复作出了巨大贡献。

1953年，中国佛教协会成立，虚云为四名名誉会长之一。由于人民政府的争取和团结，虚云摆脱了华南反动残余势力的纠葛，并为其从事正常宗教活动创造条件。次年春，虚云响应人民政府号召，坚持“农禅并重”，开荒造田，自给自食。在云门最后几年，他仍开堂传戒，日有开示。

虚云是中国近代禅宗的代表人物，他一身兼挑禅宗五家法脉——他于鼓山接传曹洞宗，兼嗣临济宗，中兴云门宗，扶持法眼宗，延续沩仰宗。他解行相应，宗说兼通，定慧圆通。参禅之余，虚云也常教人老实念佛，撰有《楞严经玄要》《法华经略疏》《遗教经注释》《圆觉经玄义》《心经解》等，遗憾的是俱被夺散无存，仅留法语、开示、书问、诗歌等，后人编为《虚云和尚法汇》《虚云和尚开示录》等流通。

圆寂悲心嘱大众　一生写尽辞世诗

1959年，虚云感到世缘将尽，向大众说：“我们有缘相聚，复兴云居道场，辛苦可感。我的世缘将尽，倘我死后，全身要穿黄色衣袍，一日后入龛，在此牛棚之西山旁，掘窑化身，火化后，将吾骨灰碾成细末，和入油糖面粉，做成丸子，放入河中，以供水族结缘，满吾所愿，感激不尽。我的最后遗言只有：‘勤修戒定慧，息灭贪嗔痴。’”又说：“要以正念正心，培养出大无畏精神，度人度世。”

九月十二日晨，侍者进入室中，见虚云趺坐如常，唯双颊微红。中午，虚云起床饮水，又起立作礼佛状，侍者恐其倾跌，即推门入，虚云对侍者说：“我刚才在睡梦中，见到一头牛踏断了佛印桥的石板，又见到碧溪的水流间断了。”随即闭目不语到十二点半，又唤侍者进来说：“你们侍奉我多年，都辛劳了。以前的事不多说，我近十年来，含辛茹苦，只想为国内保存佛祖道场，为寺院守祖德清规，为一般出家人保存此一领大衣。此一领大衣，我是拼命争取回来的，你们都是我的入室弟子，是知道经过的。你们此后如有把茅盖头，或是应化四方，亦须坚持保守此一领大衣，但如何能够永久保守呢？只有一字，名‘戒’。”

虚云说完，合掌向大家道珍重，众人含泪而退，在室外屋檐下守候，至午夜一时四十五分，有弟子进室，只见虚云右肋作吉祥卧，已经示寂了，弟子们发现他在桌上写了些字，大意是：反对我的人，你们不要反对了，我马上就要走了；舍不得我的人，不要舍不得了，我去去就来。

弟子们急报住持及大众，大众迅速集合起来为虚云助念诵经。大家日夜轮流念佛，十八日封龛，十九日荼毗，香气四溢，举火后只见白烟滚滚向上冲，开窑时得五色舍利百余粒，以白色为多，晶莹光洁。

虚云世寿 120 岁，僧腊 101 年。他的一生经历 10 次劫难和 48 件奇事、历坐 15 座道场、重兴六大祖庭，以一身兼承禅门五宗法脉，信徒达数百万，实为近二百年来中国少有的高僧大德。辞世前，虚云法师留下了那首在弟子中广为流传的辞世诗：

少小离尘别故乡，天涯云水路茫茫。
百年岁月垂垂老，几度沧桑得得忘。
但教群迷登觉岸，敢辞微命入炉汤。
众生无尽愿无尽，水月光中又一场。

弘一法师

弘一法师（1880 年 -1942 年），俗姓李，名叔同，法名演音，号弘一，晚号晚晴老人，后被人尊称为弘一法师。生于天津河北区地藏前故居李宅，原籍浙江平湖，是我国近代著名的书法家、音乐家、戏剧家、教育家。

弘一法师

在中国近百年文化发展史中，弘一大师（李叔同）是学术界公认的通才和奇才，作为中国新文化运动的先驱者，他最早将西方油画、钢琴、话剧等引入国内，且以擅书法、工诗词、通丹青、达音律、精金石、善演艺而驰名于世，在近代文化、艺术、教育、宗教领域里贡献了十三个“第一”，是我国近代著名的音乐家、书画家、戏剧活动家、教育家，中国话剧的开拓者之一。出家后，一心参研律宗，并恪守佛教的戒律，弘扬律宗，成为律宗第十一代祖师，备受佛教四众的尊敬，成为民国著名的四大高僧（虚云、印光、太虚、弘一）之一。

生而富贵　敏而好学

1880年，李叔同出生于天津市三岔河口附近一户富有的盐商之家，幼名成蹊，学名文涛。父亲李世珍曾任吏部主事，后辞官承父业，成为天津的首富，控制着天津一带的盐业销售，并兼办钱庄，成为天津较早的银行家。李叔同生母王凤玲，本是李家的丫鬟，1877年她17岁时被李世珍收为三姨太，位居正室姜氏和小妾郭氏、张氏之下。她略通文理，笃信佛教，对李叔同的成长有着重要影响。

王凤玲生下李叔同的时候，李世珍已经68岁了，可谓老来得子。据说，李叔同降生之日，有喜鹊口衔松枝送至产房内，大家都认为这是祥瑞之兆，后来，李叔同将这根松枝携带在身边，终生不离。

李世珍对这个聪明的儿子疼爱有加，从小就给他请当地最有名的名士先生来给他启蒙教育，4岁就开始学《三字经》《百家姓》等启蒙书，后读《百孝图》《返性篇》《玉历钞传》《格言联璧》等，还学习书法，临摹柳、颜的作品。

李家笃信佛教，李世珍乐善好施，爱好禅道，创办“备济社”，向贫民施舍粮食棺木，又兴办义塾，让贫困人家的幼童上学，在津门一带博得“李善人”的雅号。在家庭浓厚的宗教氛围熏陶下，李叔同从小对佛教产生亲近和敬重，在心里埋下了佛缘的种子，他很小就学会了念诵《大悲咒》《往生咒》等佛经，在家常与三弟一起学僧人做法，“两个人都用夹被或床罩当袈裟，在屋里或炕上念佛玩”。

李叔同 5 岁时，73 岁的父亲去世，李鸿章亲临李宅为之主丧。李家大办丧事，僧众一行普济法事，做了一场焰口。葬礼充满宗教色彩，法师“置磬钟木鱼，燃法华香烛”，一片祥和宁静。

在幼小的叔同眼里，这不像是葬礼，更像是重生，因此并不哀伤，也不恐惧，反而有几分茫然和陶醉。这场佛教仪式结束后，小叔同召集邻居小伙伴们穿着袈裟，扮作僧人，效仿法事念经，自命为“大和尚”，以此嬉戏。

父亲临终之前曾将文熙、文涛（李叔同）两兄弟召到床前，留下遗嘱：“文熙继承家业，文涛（李叔同）以兄为父。”在母亲和兄长的护佑下，李叔同继续享受着最优质的教育。

他 7 岁开始攻读《昭明文选》，日诵五百字，过目不忘，进步飞快；8 岁熟读《四书》《孝经》《诗经》及无数唐诗；10 岁时已能将普世诗文背得滚瓜烂熟；11 岁开始学习篆书，摹《宣王猎碣》石鼓文，不仅如此，他又学习隶书，热衷于碑学，临写《张猛龙碑》《张之碑》《龙门二十品》等法帖，随常云庄先生学习《史记》《汉书》等史学著作。

14 岁其诗文书法均已打下良好根基，文采初露，诗文出众，成了远近闻名的才子，名噪一时，有“人生犹似西山月，富贵终如草上霜”之佳句流传于世。他不仅能熟读晦涩难懂的各种佛教经文，如《大悲咒》《往生咒》等，而且还经常吟诵出各种富含哲理的诗句。

15 岁进入天津辅仁学院，开始接受“新学”教育，内容包括算术、外语等西学知识，在辅仁书院，每次考作文都感到文思泉涌，纸短文长，于是灵机一动，就在一个通格里改写两个字交卷，博得了“李双行”的美称。

天津诗词界名流赵幼梅是其父生前好友，16 岁的李叔同拜赵幼梅为师，他很快将诗词融会贯通。同时，他又向著名书法家唐静岩学习书法篆刻，从而奠定了自己的书法篆刻基础。此时，李叔同频繁地跟津门艺林名士交往，与著名教育家严修、大文豪孟广慧、大书法家王吟笙、大画家陈篙洲等诸学者书画大家交往甚密，故而得到广泛的艺术熏陶，真可谓“谈笑有鸿儒，往来无白丁”。

可以说，李叔同幼年享有得天独厚的优质教育，奠定了日后的发展基础。

才情横溢少年狂　母亡方知前尘如梦

李府经常请京戏班子到家中唱堂会，李叔同观看得兴趣盎然，又常随母亲到戏院观戏。8 岁时因好奇而萌生冲动，学习唱戏。此后，他常参加票友的聚会，通过演唱彼此交流。

光阴荏苒，李叔同转眼就长成为翩翩贵公子。在情窦初开的年华，李叔同结识了戏院名妓杨翠喜，他每天晚上都去为她捧场，散场后，充当护花使者打着灯笼送她回家。他还给她讲戏，指导杨翠喜的唱腔和身段。虽然两人情意绵绵，卿卿我我，然而李家是津门大户，注重门风，不能容忍门第差异巨大的婚配，两人交往只得终结，李叔同在万种闲愁中为其写下“额发翠云铺，眉弯淡欲无”的追忆。

杨翠喜后来被卖入官家，几经周折，又嫁作商人妇。这段恋情对李叔同的人生有着深刻的影响，以致后来他常常将情感寄托于烟花巷里。

李叔同 17 岁那年冬天，在兄长和母亲的安排下娶了天津巨商芥园茶庄俞掌柜的长女。俞氏淑静端庄，但是文墨远在李叔同之下，年龄长叔同 2 岁。俞氏后来为李叔同生下两个儿子：李准（1900 年出生）和李端（1904 年出生）。

李府为叔同的婚事大力操办，从家产中拨出三十万元供叔同使用，这在当时是一笔巨款，叔同花巨资买下一架德国钢琴，并开始学习拜厄的《钢琴基本教材》及车尔尼的《钢琴初步教程》。

李叔同成长之时，大清帝国处于风雨飘摇之中。1898年（戊戌年）6月11日，光绪帝下令变法，任用康有为、谭嗣同等人主持变法事务。京城的维新浪潮波及天津，热血青年李叔同积极支持维新变法，结果这场变法不过百日就夭折了——光绪帝被软禁，戊戌六君子喋血菜市口。一向关心国事、憧憬未来又极厌旧制度的李叔同，对这场变革感到很兴奋，并刻了一方“南海康梁是吾师”的印章，以示对变法的支持。这可是天大的罪行，李叔同也被视作康梁一党，因此遭到牵连，在李家的打点下，他免除了牢狱之灾。然而，在恐怖气氛下，他无法继续待在天津，仕途更是无望，无奈，他只得带着家人去上海避祸，在法租界租了一套房子，安住下来。

由于他家在上海有钱庄，他可以凭少东家的身份任意支取生活费用，手头相当阔绰。他以富家公子身份，与沪上名流交往，还与许幻园、袁希濂、蔡小香、张小楼四人结下金兰之谊，号称“天涯五友”。在许幻园家“城南草堂”，天涯五友每天吟诗唱和，畅叙友情，好不快意。

1900年李叔同作《二十自述诗》，冠以四言诗序以自省，故而在上海滩有着“二十文章惊海内”的美誉。其间，他又将自己的印章作品及家藏古代名印辑成一册《李庐印谱》，还编辑出《诗钟汇编初集》，并自作序言。

当年，黄仰宗、任伯年、朱梦庐、高邕之等书画家，在上海福州路杨柳楼台旧址组织成立“上海书画家公会”，李叔同凭借自己的功底成为会员，随之又加入上海书画金石界。“上海书画家公会”举办各种“书画讲习班”，李叔同免费宣讲，向大众普及书画知识，同时还担任篆书篆刻课程的讲授。

1901年秋天，李叔同在群英荟萃的考生中以第12名考入上海的南洋公学（交通大学前身）新开设的特科班，师从著名教育家蔡元培，蔡倡导民主、提倡新学，学校开设英语、数学、国际法等诸多新学课程，李叔同的同学中有黄炎培、邵力子等后来的著名人士。

李叔同既有家财万贯做底气，又有才情容貌当敲门砖，他在情绪消沉的这段时期，同一班公子哥们，经常出入于声色场所，情顾烟花巷，眷恋青楼女，与上海滩的名伶名妓朱慧百、李苹香和谢秋云等打得火热。这些风流韵事，桃色绯闻，在上海闹得沸沸扬扬。

李苹香以诗才驰名上海，颇受文人喜爱。李叔同第一次来到天韵阁会见李苹香时，便以三首香艳的七绝相赠。即使李叔同后来到上海南洋公学读书，他的课余时间也几乎都是和李苹香待在一起，诗酒唱和，风花雪月，两人情深意长，但最终也如他自己所言：“奔走天涯无一事，何如声色将情寄，休怒骂，且游戏。”

李叔同生母王凤玲出身低微，丈夫去世后，更显孤独，只得将全部的希望寄托在李叔同的身上，期望他从商以继承家业。但无奈李叔同无心从商，整日混迹于名伶与艺术中间，很少回家，这让王氏异常悲苦和孤独。

1905 年，李叔同人生的第一个重大转折就发生在这一年。4 月，他相依为命的生母在上海病逝，那年李叔同只有 25 岁，而她的母亲年仅 46 岁。母亲的去世给了李叔同沉重的打击，他突然从感情失败、理想失意里清醒过来，从前的人生仿佛一场梦，大梦初醒，悔恨不已。之后，李叔同偕妻儿护送母亲灵柩回到天津，破除旧习，举行新式追悼会，在葬礼上李叔同为母亲写下悼词，并且一边抚琴，一边唱着自己为悼念母亲所写的歌曲《梦》。6 月，李叔同取得南洋公学文凭，决意告别诗酒风流的上海洋场，东渡日本留学，这一去便是 6 年。

求深造远渡东瀛　艺术贡献流芳后世

李叔同到东京后，进入上野美术专科学校专攻西洋画，同时，又去音乐学院学习钢琴，并向著名导演藤泽浅二郎学习西洋戏剧。

1910 年因清政府将盐业改为“官盐”，李家投资于盐业的银号损失近百万元，李叔同的经济陷入困境，只得在修完东京美术学校西画科的学业后，中止在音乐学校的学习，于 1911 年春偕日籍夫人诚子回国。他将诚子安顿在上海，而原配夫人仍居天津。

李叔同回国后，决定自食其力，开始寻找工作。先在天津北洋高等工业学校教绘画，次年，则到上海城东女校任音乐教师，并曾任上海《太平洋报》的文艺编辑。《太平洋报》被封禁后，1912 年李叔同应聘到浙江两级师范学校（后改名为浙江省立第一师范学校，即浙一师，现杭州师范大学），教授音乐和美术课程。1915 年，在杭州浙一师任教的同时，又在南京高等师范学校兼任西方绘画、音乐以及艺术史，这段时期他经常奔波于杭州、南京之间。

从 25 岁到 39 岁（1918 年）出家前这一段时光，李叔同的艺术生涯进入全盛期，也是他艺术教育和歌曲创作最重要和辉煌的时期，这期间他做出的巨大艺术贡献一直流芳于后世。

在戏剧上，李叔同参与成立了中国第一个话剧团体春柳社，在《茶花女》中扮演女主角玛格丽特，舞台的布景设计、化妆、服装和道具开风气之先河，引起巨大轰动。

1906 年，27 岁的李叔同与同学曾延年等组织“春柳社”，这是一个由留日中国学生组成的团体，也是中国第一个话剧团体，曾演出了《黑奴吁天录》《新蝶梦》等话剧，李叔同毫无疑问是中国话剧运动的创始人之一。

第二年 2 月，“春柳社”首演《茶花女》，当时称为新派剧，由李叔同男扮女装来饰演茶花女一角，虽然从现存的剧照来看，由李叔同这样一个大男人来演女主角茶花女有点奇怪，但这是中国人上演的第一部话剧，其历史意义才是值得关注的，演出吸引了 2000 多人前来观看，其中大部分是中国留学生，也有少量的日本人和美国人。在半个多小时的演出中，人们最大的关注点是剧中由李叔同扮演的茶花女玛格丽特，由于表演投入，情节感人，演出获得了极大的成功。

在音乐上，李叔同出版发行了中国近代史上的第一本音乐刊物《音乐小杂志》，他在浙江一师讲解和声、对位，是西方乐理传入中国的第一人，也是中国第一个用五线谱作曲、第一个在国内推广钢琴的人，他一生写下 90 多首歌曲，其中，由他作词的《送别》近百年依旧被人传唱。

在书法和绘画领域，他是中国油画之鼻祖，是最早在中国介绍西洋画知识的人，还开办了中国历史上第一堂人体写生课。他的字与南社名僧苏曼殊的画，时人并称“双绝”。鲁迅曾赞李叔同的字：“朴拙圆满，浑若天成，得李师手书，幸甚！”

他也是中国现代版画艺术的最早创作者和倡导者，他和教育家、作家夏丏尊共同编辑了《木刻版画集》。他广泛引进西方的美术派别和艺术思潮，组织西洋画研究会，其撰写的《西洋美术史》《欧洲文学之概观》《石膏模型用法》等著述，皆创下同时期国人研究之第一。

他在学校美术课中不遗余力地介绍西方美术发展史和代表性画家，使中国美术家第一次全面系统地了解了世界美术大观。他上课的方式也比较特殊，用的是完全感化的教育方式。上课的时候，他会非常郑重其事地向学生鞠躬；学生犯了过错的时候，他会让他们留下来，用非常谦卑的声音对学生说：“今后痰不要吐在地上。”讲完以后，他还要向这个学生再鞠一躬说：“你现在可以走了。”

李叔同以其人格魅力、深厚的中西文化底蕴，培养了一大批音乐和美术的优秀人才，从民国初年到民国二十年

（1931）间，中国音乐界人物，几乎都是李叔同的薪传，不是他的学生，便是他学生的学生。他培养出丰子恺、潘天寿、刘质平、吴梦非等一批负有盛名的画家、音乐家，几乎撑起了民国文艺界的半壁江山。

然而，正是这样一位名满天下的文艺大师，却选择在盛名之下出家，甚至没有知会他在天津和上海的两位夫人。

志高求真舍俗向佛　德才兼备成高僧

1918 年的 7 月 13 日，39 岁的李叔同在杭州虎跑寺里落发为僧，皈依三宝，取名演音，号弘一，这在 1918 年的中国可真算得上一个爆炸性新闻。所有人都困惑不解，这样一位出身名门世家、家境优渥，多个文艺方面的奇才，正处在事业如日中天、声名鼎盛时期，他怎么会出家为僧的呢?

不管世人如何讶异疑惑，四处打听追问，李叔同都没有正面解释过自己出家的原因，众说纷纭中，丰子恺的解释较为中肯，他说，人的生活可以分作三层，一是物质生活，二是精神生活，三是灵魂生活。有的人做人认真，满足了“物质欲”还不够，满足了“精神欲”还不够，还必须去探求人生的究竟。

事实上，李叔同的出家并非毫无先兆，也并非一时心血来潮。早在 1915 年时，好友夏丏尊向他推荐过一篇关于断食的文章，文中讲断食可以治疗各种疾病，两人谈论过后，彼此都想着“有机会最好断食来试试”。没等夏丏尊想起来这回事，1916 年冬天，李叔同瞒着夏丏尊去虎跑寺进行了为期 20 天的断食试验。结束后，他对夏丏尊说起了自己的体验：自己觉得已经脱胎换骨了，因此用老子“能婴儿乎”一语的语意，又给自己起了个新的名字，叫李婴。

断食之后李叔同依然住在杭州任教的学校里，周围的人似乎都隐约察觉到了他世味渐淡，又隐约感觉到他在等待着什么时机。

他等待的这个时机是学生刘质平从日本学成归来，刘质平出身贫寒，无力支付学费，李叔同向他作过保证，会从自己有限的薪水中拿出一部分资助其上学，直到他毕业。1918 年春天，距离刘质平毕业回国还有三四个月，李叔同加快了出家的准备。7 月，校务结束，辞呈也已递交，李叔同料理种种俗物俗事，把各种收藏物分别赠送了出去，自己只留下了一些粗布衣服和几件日常用品。

虽然说早有思想准备，但是眼看着自己的老师就要离开了，丰子恺等还是难以接受，忧郁悲伤得说不出话来。沉默了很久，其中一位同学问他：“老师何所为而出家乎？”

李叔同答：“无所为。”

同学又问："忍抛骨肉乎？"

他说："人事无常，如暴病而死，欲不抛又安可得？"

所以当他正式出家时，在别人看来，这令人诧异，但对他而言，却是顺理成章的事。

李叔同的决定对家庭无疑是一个晴天霹雳。夫人俞氏及两个孩子劝阻无效，日本夫人诚子专程从上海赶到杭州虎跑寺规劝，李叔同避而不见。后经友人约出寺庙两人相见最后一面。

"叔同——"

"请叫我弘一。"

"弘一法师，请告诉我什么是爱？"

"爱，就是慈悲。"

"慈悲对世人，为何独伤我？"

这是弘一法师与日本妻子最后的对话，而面对妻子最后的责问，他最终没有回答一个字，也无法回答。他从手上取下自己的手表交给诚子作为纪念，平静地说了句："你有技术，就算回到日本也不会失业。你回去吧。"

他还给她写了一封短信，信中这样说：做这样的决定，非我寡情薄义，为了那更永远、更艰难的佛道历程，我必须放下一切。我放下了你，也放下了在世间累积的声名与财富。这些都是过眼云烟，不值得留恋的……为了不增加你的痛苦，我将不再回上海去了。我们那个家里的一切，全数由你支配，并作为纪念。人生短暂数十载，大限总是要来，如今不过是将它提前罢了，我们是早晚要分别的，愿你能看破。

从此，这对结缡十年的异国夫妻，佛界俗界两分开，各自奔赴前程了。

李叔同就此杜绝一切财富和舒适的生活方式。一袭僧服，竹杖芒鞋，跋山涉水，云游东南各大僧院，于佛教境界中精勤修持，离恶择善，去苦寻他心中的佛，并在各处宣讲佛法。

夏丏尊放心不下，总是找理由去拜访，他发现弘一的午餐极其简单：一碗米饭、一盘咸菜和一杯白开水。夏丏尊想到昔日一掷千金的富家公子，生活竟然清苦到这般田地，内心不忍："只吃一碟咸菜，你就不觉得太咸了吗？"

他回答："咸有咸的滋味。"

又问："那白开水就不嫌太淡了吗？"

他笑了笑说："淡有淡的滋味。"

当他拿出一块比抹布还破的毛巾去洗脸时，夏丏尊实在看不下去了，要拿一块新毛巾给他。弘一法师却坚持说旧毛巾还好用，不用更换。

出家 23 年，弘一法师的生活用品绝大多数都是出家前带去的，一件僧衣缝缝补补穿了十几年，补丁还是从垃圾堆里捡回去的破布条。

有僧人回忆，在寺庙里每次见到弘一法师，他始终专注于当下的事情，像深潭的水，不起一丝波澜。他原是个对任何事情除非不做，做就要做得认真彻底的人。做了和尚，在佛学思想方面，自然也得做出自己的特色。

从出家到圆寂，弘一以苦行僧终其一生，他将失传 700 余年的佛教中戒律最严的南山律宗拾起，清苦修行，为振兴律学，不畏艰难，深入研修，潜心戒律，著书说法，实践躬行。

他不收徒众，不主寺刹，始终苦行修道，阐述律典，身体力行，坚持戒律，将心志投入研读佛门法典中，精研律宗经典《戒本疏》《羯磨疏》等，立誓学戒弘律，将失传已久的律宗发扬光大，并精研和校勘了《华严疏钞》。

在精读大量佛经之后，弘一融会贯通，开始整理佛教典籍。花了数年时间，著成《四分律比丘戒相表记》和《南山律在家备览略篇》。这两本精心撰述的名著大大弘扬了佛法，成为佛门重要典籍，远传日本和东南亚各国，赢得了广大的佛教徒的尊敬，在人们心目中有着巨大的影响和崇高的地位。

著名学者林子青概括说："弘一大师的佛学思想体系，是以华严为镜，四分律为行，导归净土为果的。也就是说，他研究的是华严，修持弘扬的是律行，崇信的是净土法门。他对晋唐诸译的华严经都有精深的研究。曾著有《华严集联三百》，可以窥见其用心之一斑。”

最终，弘一凭借多年苦修，以强大的毅力重兴律宗，弘扬佛法，使得他成为近代中国律宗的一代宗师。

民国文人鲜有不对弘一高山仰止的，他被林语堂誉为那个时代最有才华的天才之一。张爱玲曾言：“不要认为我是个高傲的人，我从来不是的，至少，在弘一法师寺院围墙的外面，我是如此的谦卑。”郁达夫折服于弘一法师的风采，也想要削发为僧，弘一告诉他：“佛缘是不可思议的，还是先做你愿做的事情去吧！”

连鲁迅都对李叔同的墨宝趋之若鹜，以拿到他的一幅墨宝为荣：“朴拙圆满，浑若天成。得李师手书，幸甚！”

俞平伯曾说：“李先生的确做一样像一样：少年时做公子，像个翩翩公子；中年时做名士，像个风流名士；做话剧，像个演员；学油画，像个美术家；学钢琴，像个音乐家；办报刊，像个编者；当教员，像个老师；做和尚，像个高僧。”

李叔同出家为僧后，1942 年春季，郭沫若也曾托人向他求字。李叔同遂书唐代禅师寒山的诗：“我心似明月，碧潭澄皎洁；无物堪比伦，教我如何说。”在书写的单幅末尾署有“沫若居士澄览”，书毕委托其看重的后生李芳远寄赠郭沫若。

由此可见，无论是学术、艺术和佛法，弘一都能发展到极致的境界。

出家未舍爱国情　悲欣交集述平生

弘一出家后，除仍以书法、金石结缘外，其他艺术多已放弃，与世俗亲友也很少来往，可以说已经完全谢绝红尘。但对于祖国之兴亡却始终耿耿于怀，对世事清浊有清醒的认识，并仗义执言。

1927 年春季，北伐军驱逐孙传芳后进入杭州，建立了革命政权。有人借口“反封建”，主张“灭佛驱僧，收回寺院”，勒令僧尼还俗，拆掉一些庙宇，令僧众万分紧张。在此危急关头，居于杭州城隍山常寂光寺闭关修行的弘一大师挺身而出，邀请入驻当地的革命党负责人宣中华（曾为浙江一师的学生）以及政界一批知名人士召开座谈会，商议保护佛教事宜。并亲笔致信当时的国民政府大学院院长蔡元培等人。经过这些努力，灭佛驱僧的行动终于停止下来。

抗日战争爆发后，中华百姓惨遭日寇暴杀，举国上下悲痛不已。弘一大师继续以佛教慈悲不杀生的教义为依据，推动《护生画集》的创作，用一幕幕形象的画面和一首首真情的诗作表达生命的无价与和平的可贵。虽然在战争期间遭受一些人歪曲善意、恶意毁谤，仍不改初心，坚定为抗日爱国将士和全国人民输送同枝同气的正能量鼓励。

弘一法师听闻各地战乱，对日军侵华极为愤慨：“吾人吃的是中华之粟，所饮的是温陵之水，身为佛子，于此时不能共纾国难于万一，能无愧于心乎？”于是，他每次开讲佛典都会挂起一条横幅，上书“念佛不忘救国，救国必须念佛”，并加跋语说：“佛者，觉也。觉了真理，乃能誓舍身命，牺牲一切，勇猛精进，救护国家。是故，救国必须念佛。”

抗战时期，弘一身患重病，忏悔自己不能为国为民做什么。看淡生死：“大病从死”。自己处于生死边缘还不忘救济难民，嘱咐寺院当家师，把禅房寮房多腾出些，救济难民，与他们共甘苦、同患难，并把别人赠送的一副贵重的眼镜卖了换作粮食，救济灾民。

1937 年 10 月，日本侵略军逼近厦门，友人劝弘一内避，弘一法师则表示“为护法故，不怕枪弹”，弘一法师又自题其居室曰“殉教堂”。他在给朋友的信中说：“时事未平静前，仍居厦门，倘值变乱，愿以身殉。”他那种保国护教、凛然不屈的精神，不能不使听者为之动容。

1938 年，日本舰队司令久闻弘一大师盛名，专程寻访大师，要求大师用日语对话，大师坚持“在华言华”而拒绝。司令又道："论弘扬佛法，敝国的环境较贫穷落后的贵国为优，法师若愿命驾，吾当奏明天皇，以国师礼专机迎往……"大师大气凛然，断然回答："出家人宠辱俱忘，敝国虽穷，爱之弥笃！尤不愿在动荡时离去，纵以身殉，在所不惜。"浩然正气的数语浸透着大师的人格力量，显现出中国人的尊严。

1942 年初夏，弘一在闽南弘法圆满结束，但因身体日渐衰老，后移居泉州开元寺温陵养老院。

1942 年 10 月 7 日，弘一写完遗书将百原寺妙莲召入自己室内，向其口授遗愿："余于未命终前、临命终时、既命终后，皆托妙莲师一人负责，他人无论何人，皆不得干预。"在妙莲将遗嘱写下之后，弘一拖着病体，在上面盖下了私章。此时的他已经非常虚弱，但却坚决不肯用药。

妙莲深得弘一信任，他曾讲过："妙莲法师持精勤，悲愿深切，为当代僧众中罕见者。"病重时，他修行依旧，总是对来探望的人说："不要问我病好了没有，你要问我有没有念佛。"他甚至为自己写下了"讣告"，让妙莲等他命终的时候填上日期，分别寄给夏丏尊、刘质平、丰子恺、沈彬翰、性愿法师等几位友人，通知他们。他写道："× × 居士文席：朽人已于 月 日迁化。曾赋二偈，附录于后：君子之交，其淡如水。执象而求，咫尺千里。问余何适，廓尔亡言。华枝春满，天心月圆。谨达，不宣。音启。”

由此可见弘一淡泊之心性，他早已经将生死置之度外，活着未必是生，离去也未必是死，心中有佛，终有“再次聚首”之日。

弘一悲心深重，他在交待自己火化事宜时是这样说的：“遗体装龛后，即须移去承天寺。去时将常用之小碗四个带去，填龛四脚，盛满以水，以免蚂蚁嗅味走上，致焚化时损害蚂蚁生命，应须谨慎……”一生一死，乃人生两大关口，但弘一法师从容平静而周到地安排后事的每一个细节。

10 月 10 日下午，自知大限将至的弘一写了“悲欣交集”四字交妙莲法师。这样随意地写在一张用过的纸上，小巧拙朴，毫无雕饰。“悲欣交集”的旁边写了三个略小的字，“见观经”。

13 日晚 8 点整，弘一走完了自己传奇的一生，世寿 63 岁，僧腊 25 年。弘一往生后，妙莲则按他的要求，直接将其门窗关闭，全部退出门外，直到第二天前来告别的友人看到他容貌比病时更为从容：“法师遗体向西侧卧，左手垂于腿上，右手抚腮，盖以被单，脸上隐露微笑，唇际略现红色，与在生无异。”荼毗后，留下舍利子 500 多粒。

弘一为世人留下了咀嚼不尽的精神财富，他是中国传统文化与佛教文化相结合的优秀代表，是绚丽至极归于平淡的典型人物，被赵朴初先生评价为：

深悲早现茶花女，
胜愿终成苦行僧，
无尽奇珍供世眼，
一轮圆月耀天心。

印光法师

印光大师（1862 年 -1940 年），法名圣量，别号常惭愧僧，又号继庐行者，陕西合阳县路井镇赤东村人，俗姓赵，名绍伊，字子任，一生弃绝名利，以身作则，极力弘扬净土宗，其在当代净土宗信众中的地位颇高，被后人尊为净土宗第十三祖师。

印光法师

印光法师是我国近代佛教净土宗第十三代祖师，弘一大师拜其为师，赞誉其为“三百年来一人而已”的佛教高僧。印光生逢乱世应劫而来，一生以净土为归，振兴佛教，弘传净土，厥功至伟，其影响所及，不仅弘扬了净土宗，也护持了中国近代佛教，并传承了传统文化。其著述的《印光法师文钞》更为末法之慈航，暗夜之明灯，梁启超等人亦称颂为“文字三昧”“群盲之眼”，作为净土宗的修行指南风行至今。后人将其与虚云、太虚、弘一并列，合称为“民国四大高僧”。

从反对佛法到志在出家

1861年，是个特殊的年份，清帝国的命运，处在一个微妙的转折点上，咸丰帝驾崩，慈禧太后发动祺祥政变，进入了权力中枢，开启了其四十余年的执政生涯，同时也推动了洋务运动，就是在这样一个政权内忧外患、风雨飘摇的时期，印光在陕西郃阳（今合阳）出生了。

印光俗姓赵，名绍伊，家人希望他像当地的商朝著名丞相伊尹一样，光耀门庭。他出生后六个月，就得了急性结膜炎，几乎失明，整日号啕哭泣，除了吃饭睡觉，没有片刻停过，后来虽然治好了，但眼睛始终无法久视，看东西时间一长，就视线模糊，在印光的一生中，眼疾一直困扰着他。

印光自幼聪明颖慧，善于读书，他跟随长兄学习儒家经典，尤其喜欢朱熹、韩愈、欧阳修的书，受影响而反对佛教。直到15岁以后因为大病，深感生、老、病、死的痛苦，便接触到了佛经之类的书籍，方悔悟以往对佛教的错误思想，此后便一心向佛。在他20岁的时候，坚定了出家的念头，一直在等待时机，终于趁着到省城西安赶考的机会，只身投奔大雁塔慈恩寺，打算出家，不料，被大哥赵从龙发现，把他硬拉了回来。

第二年，也就是清光绪七年（1881），21岁的印光又找了一个机会来到终南山的南五台山莲花洞寺，礼道纯和尚剃度出家，法名圣量，字印光。

在终南山众多的寺院里，莲花洞寺坐落在南五台荒凉的山沟之中，四周人烟稀少，没有高大的僧院，只有几处相互毗连的简单茅棚，住着十几个苦行僧，实在是香火冷落，印光决心远离红尘虔心向佛，反倒格外喜欢这样苦行修炼的所在。

有一天，他在莲花洞寺晒经书时，发现了清代龙舒所著《龙舒净土文》的残本，研读之后，知道念佛法门可以即生了脱生死，免受六道轮回的痛苦，从此便一心归向净土。

然而，印光的出家之路并不是一帆风顺的。他出家不久，他大哥就找来了，骗他说母亲病得很重，必须回家探望。其实，大哥说的都是假话，走到半路上大哥就拿出了一套衣服，厉声斥责："你马上脱掉僧装，你要不脱掉，我宁可把你打死在这里。"

印光只好听命，换上服装回到家里。对于出家学佛，母亲也默许了，只是大哥坚决反对，之后大哥带上他到处应酬，处处严加看管，唯恐他逃跑。一次，亲戚家有喜事，大哥带上他一起去祝贺，席间印光故意放开肚皮大吃猪肉，大哥非常高兴，以为弟弟不再想出家了，对他的防范日渐松懈。印光在家勉强待了 80 多天，终于趁着大哥探亲、二哥晒谷的机会，赶紧取回僧服，带上路费，从家中逃出，回到莲华洞寺，为避免家人再找上门，道纯师父让他到别处去参学。

印光此番离家，终生没有还乡。在他有生之年，仅于 1891 年，在北京托一同乡带回家信一封，却一直没有回音，33 年后，他才知道，家中亲人早已不在世上了。印光出家后，直到老年，仍然亲自洒水扫院子，并有一定的规矩，他告诉别人，这是大哥教他的，虽然大哥阻止他出家，可他对大哥的教导始终不忘。

专弘净土法门度人无数

当时很多修行人都以禅为宗，印光却是以净土为宗，坚定信念，不随人转。

出家后第二年，印光来到陕西兴安县的双溪寺，在印海定律师座下受具足戒。受戒期间，由于他饱读诗书，善于写作，戒期中所有书写事宜，都由他代作。一份《禅林规约》就有 2000 余字，数千份规约，令他日夜不得停笔，由于写字过多，印光双眼发红充血，几乎失明，这时他清楚地领悟到，这个色身正是痛苦的根源。他抓紧一切时间念佛，夜晚大众师入睡后，他就起来坐着念佛，平时写字也是心不离佛。因此虽然拼命写字，还是能勉强支撑的，不知不觉中，眼病得以缓解，他更深信念佛功德不可思议。从此，无论是自己修行还是劝勉别人，总是指归净土。之后，他回到终南山，在太乙峰搭建茅棚专修念佛，兼读佛经，一住就是五年。

他出家 30 多年，始终韬光养晦，为人极其低调，不愿让人知道他的名字。

在普陀山法雨寺，每当夜深人静，印光独自念佛，数以千计的山鼠重重叠叠，趴在窗外，静听佛号，直到他念佛完毕才离去。他励志精修，寺众咸深钦佩，以致被称为全山模范僧。1912 年，印光 52 岁，高鹤年居士（中国近代著名的佛教居士）向印光要了几篇文稿，交给《佛学丛报》刊登，署名“常惭”。在北京政府任职的徐蔚如居士读到文章，倾慕不已，到处打听常惭僧是谁，最后问出来是普陀山的印光法师。徐蔚如上山又要到了几件信稿，带到北京印行，题名为《印光法师信稿》。二年后，徐蔚如搜集了二十多篇信稿，重新印行，题名《印光法师文钞》，印光之名，从此传遍中外。如此看来，《文钞》实为印光大师弘法的缘起。

因为读到《文钞》而倾慕大师道行、渴求皈依的善男信女日益增多，有的跋山涉水请求摄受，有的鸿雁往来乞赐法名。1922 年，定海县知事陶在东以及会稽道的道尹黄涵之，十分佩服印光教化一方的德行，上书给北京政府的总统徐世昌，颁给印光“悟彻圆明”匾额一方，铜鼓喧天地送到法雨寺，这在世人看来是难得的荣耀，印光却处之淡然，不予理会，并且说道："我这种人离开悟还远得很，他们居然说什么圆明，简直是瞎造谣言，平添我的惭愧。我只要得生西方，要传记干什么。"印光往生前也曾告诉德森："光并无真实修德，你们要是颂扬光（我），简直就是抓起大粪往我头上堆，请您对一切有缘人说清楚。"

1930 年 5 月的一天，居士赵茂林带着孩子和妻子到印光闭关的报国寺拜访印光，其间，孩子又吐又泄，印光让其把孩子抱过去。

赵茂林赶忙将儿子抱过去，只见印光伸出手掌在孩子头顶上抚摸，又转身从一个瓶里倒出大半碗冷水，和蔼地说："孩子，喝吧，喝下去就好了！"

赵茂林见了暗暗焦急：肚子疼还下泻，十有八九是急性肠炎，闹不好还是霍乱，怎么能喝冷水呢？然而又不敢说出来，只得低声吩咐孩子少喝一点，以免印光不悦，哪晓得孩子抓过碗来一饮而尽，心里暗暗叫苦。

他万万没想到，半碗冷水喝下去，孩子奋力挣开他的怀抱，欢蹦乱跳地说："爸爸，我的肚子不疼了，好啦！"说罢，便在佛堂里翻了一个跟斗。

"奇迹！真是奇迹！"赵茂林简直不敢相信自己的眼睛，慌忙重新给印光顶礼致谢。"师父道行高深，弟子大开眼界！"

印光微微而笑，明道法师忙解释说："这是师父的大悲水，灵验无比，不知救治了多少危难病症，赢得善男信女顶礼膜拜。”

赵茂林不知印光的那碗水，是用几种草药熬制出来的药水，具有消炎止疼的功效，所以孩子喝了之后，当即就好了许多，孩子的天性顽皮，只要稍微好一点，就会活泼起来的。

还有一件收入《当代因果报应》里的一件事情，说的是一个皈依的上海弟子再三恳求，说有个亲戚也是居士想亲近师父，请印光到家里吃斋饭。印光盛情难却下只得勉强前往。斋席上，那弟子 50 多岁的亲戚出来稽首施礼，自称是学佛多年的老居士，请印光开示。言谈之间，印光察觉这女居士学问很好，便说：“年纪大了，当赶快念佛求生西方！”

没想到那女居士语出惊人，昂然说：“我不求生西方，我要生娑婆世界！”

印光佛学渊博，自然知道所谓“娑婆世界”乃是佛家三恶五趣的杂汇之所，说穿了就是留恋尘世享受的追求，心里先有八分不喜欢。他是个直率的人，也不顾忌第一次见面的世俗客套，直截了当地说：“恕老衲口无遮拦，何以那清净世界不肯往生，偏偏愿生在这个浊恶的世界？”

那女居士刚才脱口而出，这才意识到自己的志向的确不够高尚，顿时羞红了老脸，慌忙改口说：“大师莫要见怪，我刚才是开玩笑的。实话说，我要即身成佛！”

她满以为印光听了这话必定满口夸奖，没想到印光只不过略微一愣，却平淡地说："即身成佛的道理是有的，可惜现在没有那样的人，也并非你我可以做得到的事情。"

那女居士随即央求说："大师是举世公认的真佛，请大师成全！"

印光斩钉截铁地说："印光自知才疏学浅，乃一平庸出家人，并非什么真佛，如此毫不自量口出大言，自误误人，老衲告辞了！"

看到印光拂袖而起，那女居士羞愧难当，掩面赔罪说："请大师恕罪！弟子从此收起狂妄，皈依大师座下，一心老实念佛，求生西方净土！"

看到皈依弟子也惶恐求情，印光这才心气平静地接受皈依，登座开示净土戒律，赐名"清心"。这个"清心"决心自己在家里作一场忏悔法事，有了刚才的教训，她不敢自作聪明了，诚恳请教用何种锡箔为好。

印光见她如此虚心，便给她耐心解释有关锡箔的渊源："锡箔之事，并非出自佛经。《法苑珠林》曾有过记载，唐代中书令岑文本还在读书的时候，曾听过他的老师跟鬼官询问过锡箔的事情。岑文本的老师叫睦仁倩，开头并不相信菩萨鬼神，后来和鬼官投契，就跟岑文本设酒肉招待鬼官，询问阳间能用什么事物和冥界相通。那鬼官说：金银布帛都能相通，但真的不如假的，就教给他们用锡箔贴在纸上，用锡箔纸当作绸缎使用，这习惯流传至今。说穿了，就是心诚则灵，

‘半丝寸缕，当思物力维艰’，告诫人不要铺张浪费的意思。”

女居士刚刚领教了印光的棒喝雷霆，万万想不到转瞬之间，又在锡箔的小事上领受如此的和风细雨，心里顿时百感交集。她后来得知印光西归净土，也在家里含笑往生，成为在家居士往生净土的佳话。

此外，印光特别反对口是心非的假善人，并总结几千年佛教发展史，结合现实，大胆改革，他不主张学佛者都要出家，特别奉劝妇女不要一学佛就出家。这一改革是佛教史上的重要举措，对于振兴佛教发展起了不可估量的作用和深远的影响。

在印光给太虚的信中，吐露出他的彻底悲心和无比谦逊：“光（我）本是陕北一农民，我这块沙石，在美玉面前摆出粗粝的姿态（指劝诫人），无非是想让他快快成器，纵然粉身碎骨，我也绝不退缩。”

1936 年初秋，茗山曾专程来到苏州报国寺关房，参访印光。茗山回忆说：“（我们）顶礼后请开示，他老在关房窗口接见，不快不慢地称赞净土法门的殊胜，启发我们信念，巩固我们道心，他老讲话约一刻多钟，始终眼珠睁得圆圆的一点不动，可见印老很有定力。”

爱国爱教　真修实行

印光体貌雄伟，道风峻肃，对人开示，直剖肺腑，哪怕是达官贵人，也绝不讲交情，不遗余力地弘扬净土，弘法事业比从前更为兴盛。20 多年的时间，其海内外皈依弟子达 20 多万，日本前首相田中角荣即为其中之一，印光对佛法的弘扬显示佛教“无缘大慈，同体大悲”的精神，但他面对日本侵略者，却充分展现了强烈的爱国主义精神。

1931 年，“九一八”事变爆发，东北三省逐渐沦于日本帝国主义的铁蹄之下。目睹刀兵连绵、尸骸遍地，印光痛心疾首。

1936 年，中国佛教会主席圆瑛法师与上海佛教人士启建护国息灾法会，此时印光尚在掩关，圆瑛恭请印光出关说法，号召全国佛教徒为抗日救国作出贡献，印光欣然允诺，以 70 岁高龄带一侍者，自行来沪，每天开示大众常达数小时，闻法者莫不欢喜信受。法会期间，印光听说抗战中的绥远灾情严重，即对众发表以当时所收 1000 余人皈依求戒等香仪，计 2000 多元尽数捐去。

1937 年的一天，有人引领日本军官到灵岩山寺里找印光，日本军官拿出当时日本修订出版的《大正藏》，赠送给灵岩山寺，可是印光当即拒绝了，他委婉而又坚决地说："我们这里的僧众都是念经的僧人，不是研究经文的僧人，请你们把这么好的《大藏经》转送给有关研究人员吧。"就这样不卑不亢地给对方一个软钉子，拒绝了日本军官的赠送物。当时日本正对华发动大规模侵略战争，苏州已经沦陷，印光此举极有可能为自己招来杀身之祸，但他毫无畏惧，保持了民族气节，激发了僧众的民族尊严和爱国赤诚，当时在旁目睹此情此景的青年僧人感动不已。

印光对那些搜刮民脂民膏供己挥霍享受、不管人民死活、不顾国家安危的当局政府权贵们深恶痛绝。他在答复一位幼子夭折的居士信中说道："若不论好歹，惟取其不夭，则括百姓之脂膏，以其款存之外国银行，与夫杀父杀母之人，何尝不是幸得不夭之爱子乎！此种不成器之儿子，若夭，是为大德所感。由其不夭，至令全国人民涂炭，若当日凡属此类尽夭亡之，则吾国何至无可救药以待丧亡乎！"

在佛法方面，校订、刻印、流通佛经佛书，是印光弘扬佛法的主要方式，自 1918 年起，就专门为刻印善书、佛书，多次亲赴上海、扬州、苏州、南京等地，其时他助印净土经论近百种，印数达数十万册，大多数都赠送给了有缘人。1930 年，由印光发起，王一亭、关䌹之、黄涵之等居士协助，明道法师主持，在上海常德路觉苑内筹备成立佛经流通部——弘化社，制定流通办法为全送、半价、照本三种，旨在弘法利生，与一般书店的营业谋利截然不同，他捐出自己的香俸，又劝募筹款，广印经书流通，多年印送的书籍，不下四五百万部，佛像百万余幅。

1933 年，印光正式将《无量寿经》《观无量寿佛经》《阿弥陀经》《大势至菩萨念佛圆通章》《普贤菩萨行愿品》《往生论》勘定为《净土五经一论》，作为后人持诵范本，充分体现祖师良苦和深远的用心。在宗教文化出版社 2013 年出版的《净土五经一论》中,《无量寿经》版本已由夏莲居会集本《佛说大乘无量寿庄严清净平等觉经》恢复为印光勘定本“曹魏康僧铠”译《佛说无量寿经》。

印光生活非常节俭，吃饭方面只要能吃饱就行，从来不挑拣讲究，每日食以粗茶淡饭，且不浪费一粒米；穿衣方面只要能够御寒就行，尤其讨厌华丽的服装，一件衣服经常是穿了一年又一年。如果别人供奉给他珍美的衣食，他是万般不肯接受的，实在推辞不掉的，他就把供奉的这些珍贵的东西转赠给别人。如果是普通的物品，他就交到寺庙的库房，供全寺一起享用。有一次，关絅之居士（少读儒书，20 余岁乡试中举人，曾任南通直隶州知州）请他到家应供，他提前声明只需准备几个馒头、炒豆腐渣两样即可，如果还准备其他的，自己肯定是不去的，关居士无奈，只得在素斋席上备了这两样东西。

他虽薄以待已，却厚以待人，凡善男信女供养他的财物，他都拿来印佛书流通，为人种福田，对于赈灾济贫的事，权衡轻重，先其所急。1917 年，北京、天津一带遭受严重水灾，高鹤年北上勘察灾情，回来后发现灾情严重，于是和当地的有志之人组成“佛教慈悲义赈会”，印光听闻这件事情后主动联系法雨寺方丈了清法师出面，召集诸山长老，在普陀山也设了赈灾分会，他认为“救灾即是普度众生”，大家随缘乐助，印光把仅有的十元大洋也捐了出来。1926 年，刘镇华带兵围困了西安城，城内百姓受害严重，无饭可食，无衣可穿，这期间饿死不少人，解围之后，印光立即以印书之款，汇去 3000 元为西安的百姓办赈济。

纵观印光的一生，从不谈玄说妙，而是实事求是，真修实践，使人通过学佛，皆知能行切实受益。弘一大师说：“大德如印光法师者，三百年来，一人而已。”他是印光唯一一个破例收的剃度弟子，他略举了印光的四种盛德：盛德一，习劳。一生喜欢劳作，80 岁仍每天自己扫地、洗衣服；盛德二，惜福。衣食住行极为简单，喝完粥用舌头舔干净碗，还要加入开水涤荡，漱口咽下；盛德三，注重因果。大师常与人说，善有善报，恶有恶报，因果之法是为救国救民之急务；盛德四，专心念佛。大师不与别人高谈佛法之哲理，唯一劝人专心念佛。

悲心深切　法语普润群生

印光一生，由儒家进入佛门，主张儒佛融会，学佛先由做人学起，平日常以儒家伦理及念佛法门教人。他提出，佛法包括世间和出世间的一切法，应当父慈子孝，兄友弟恭，夫妇和顺，并常以诸恶莫作、众善奉行、深信因果、老实念佛等语教人，不标新，不玄奇，所谓道在平常日用间。

印光认为，若要根除习气，成就道业，只需将一“死”字挂到额颅上，常思生死事大，无常迅速，切勿放逸，难得此稍纵即逝之人身，岂能不猛力用功以求了脱，故凡一切不宜贪恋之境，思及死后之沦坠，则断不至飞蛾赴火自取烧身，凡无分内应为之事，需视作度吾出苦之慈航则当仁不让，见义勇为亦非难事，在生死面前，其余何足挂齿，何事不能一笑而过，则心量自大，孟子所谓有终身之忧，无一朝之患也，故学道之人，念念不忘此字则道业自成。

他还说道，无论在家出家，必须敬上和下，忍人所不能忍，行人所不能行。代人之劳，成人之美。静坐常思己过，闲谈不论人非。行住坐卧，穿衣吃饭，从朝至暮，从暮至朝，一句佛号，不令间断。或小声念，或默念，除念佛外，不起别念。若或妄念一起，当下就要教他消灭。常生惭愧心，及生忏悔心。纵有修持，总觉我功夫很浅，不自矜夸。只管自家，不管人家。只看好样子，不看坏样子。看一切人皆是菩萨，唯我一人实是凡夫。汝果能依我所说而行，决定可生西方极乐世界。

为了帮助求子的信众，印光法师在儒家圣贤所重视的胎教的基础上提出了“未胎而预教”的观点，他认为“须知求子，先须从培德、节欲起。”而且，他认为家庭母教，乃是贤才蔚起、天下太平之根本。而母教最重要的内容就是胎教。他在《家庭教育为天下太平之根本发隐》中说：“母教第一是胎教，胎教乃教于禀质之初。凡女人受孕之后，务必居心动念行事，唯诚唯谨，一举一动，不失于正。尤宜永断腥荤，日常念佛，令胎儿禀受母之正气，则其生时，必安乐无苦，所生儿女，必相貌端严，性情慈善，天姿聪明。”

印光法师对少年教育也有不少论述，对于少年，印光认为首重立志，“欲学好，必先以立志立品，知因识果始。不立志，则无所趣向。不立品，则所行卑污。不知因果，则无以闲邪念而存诚心。必至流入小人之域而不自觉也”。此外，他还特别强调少年戒邪淫教育。

在成人教育中，印光特别重视母教和教女。母教是指母亲对子女的教育，教女则是对女儿的教育。他认为，教子为天下太平之根本，而教女为尤要。以人之幼时，专赖母教。父不能常在家内，母则常不离子。母若贤惠，则所行所言，皆足为法。见闻已熟，心中已有成规。再加以常常训诲，则习已成性。如熔金铸器，模型若好，器决不会不好，以故教女比教子尤为紧要也。以贤母由贤女而来，若无贤女，何由而有贤母。无贤母，又何由而得贤子女哉。此种极平常之道理，人人皆能为之，所痛惜者，绝少提倡之人，俾为母者，唯知溺爱，为父者亦无善教。

对于老年人，印光则认为不要贪恋财产等身外之物，要注重精神上解脱和归宿，他一般劝他们把家事、儿孙的事置之度外，一心念佛，求生净土。印光十分重视对弟子进行临终助念的教育，用现代的语言来说是临终关怀教育。他总结历代净土宗的临终助念经验，撰写《临终三大要》，在《临终三大要》中首先指出要重视和面对死亡问题。他说："世间最可惨者，莫甚于死，而且举世之人，无一能幸免者，以故有心欲自利利人者，不可不早为之计虑也。"临终助念的三大要点包括：第一要是通过开导安慰，让临终的人放下牵挂，生起求生西方极乐世界的信愿，这是往生与否的关键；第二要是通过换班助念，在行上帮助临终的人心在阿弥陀佛圣号上面；第三切戒搬动哭泣，以防误事。世俗不明白人虽然断气，但在身体冷透之前，神识还没有离开肉体，往往急急忙忙地为死者擦洗身体，更换衣服，以及哭泣。这会给亡灵造成极大的痛苦，如果产生嗔恨心，就可能堕落恶道，正确的做法是：断气之后，不要碰触和搬动遗体，继续念佛助念 24 小时以上，如有必要，再擦洗身体和更换衣服。那有人会问，身体冷了，关节僵硬，不好换衣服怎么办？其实不必担心这个问题。根据大量的助念实践证明，如法助念的死者，一般身体会保持柔软状态，就算关节僵硬了，也好解决，用热毛巾敷一下，就会变软，不影响换衣服。

上述寥寥数笔，于《印光法师文钞》实乃冰山一角，但足以见印光教化之悲心。

圆寂后尊为净土宗第十三代祖师

1940年，印光80岁，曾多次在信上讲："今已八十，朝不保夕。""倘蒙阿弥陀佛垂慈接引，千足万足。"对皈依弟子，他特别交待："我死后，只许你们认真念佛，自利利他；若为我树碑立传，就是我的怨家，千万不要抓起大粪朝我头上堆。我只要弥陀慈父肯垂怜，此外一概不愿闻也。"

10月27日，印光感觉身体有些不适，示现微疾。28日午后，他召集在山全体执事和居士，到关房会谈，命妙真接任住持，众人都表示赞同，拟订十一月初九升座，印光摇头说："太迟了。"改为初四，他还是说太迟，最后定在初一，才点头称可。

十一月初一举办过妙真的升座典礼，初三晚上，印光说："净土法门，别无奇特，只要至诚恳切，无不蒙佛接引，带业往生。"此后，印光的精神逐渐疲惫，体温降低，初四早晨一点半，印光从床上坐起来说："念佛见佛，决定生西。"说完，大声念佛，两点十五分，他洗手完毕，站起来说："蒙阿弥陀佛接引，我要去了。大家要念佛，要发愿，要生西方。"说完，就在椅子上，向着西方端坐念佛，三点多，他嘱咐妙真："你要维持道场，弘扬净土，不要学大派头。"之后再不说话，只是动嘴唇念佛，将近五点钟，在大众念佛声中，印光如入禅定，笑容宛然，安详坐逝，享年 80 岁，出家 60 年。

印光火化后，有大大小小各种舍利一千余粒，他生前不许别人给他写传记，命人死后也不许追悼，但是海内外众多人士难以抑制悲痛之情，纷纷追悼怀念，国内外各大寺院争相敬请印光舍利。经商定，泰国、新加坡、菲律宾、马来西亚、日本、美国、旧金山和中国南方各大寺院，香港、陕西（印光的故里）各请一份运回本地建塔供奉。

苏州灵岩山寺为大师晚年驻锡和圆寂之处，此寺仰仗大师威望而俱兴，妙真等众僧抱着对印光极其崇敬的心情，特辟此山石鼓之东南最佳处，建造印公塔院。然而，在十年"文革"中，塔院内舍利塔被毁，但印光的灵骨坛幸运地保存了下来。1983 年灵岩山寺重新举行隆重的印光舍利入塔仪式。现今塔院的正殿中，供奉着印光的全身舍利塔，塔中存有印光灵骨一坛、舍利七枚、祖衣一顶、紫砂钵一只，吸引着无数景仰印公道风的十方善信不远千里而来。

大师西逝，各地纷纷撰写回忆文章，宗教界、教育经济界和思想文化界召开纪念会并研究探索大师文钞的理论价值和学术价值。中国社会科学出版社出版的《印光传》，在社会上发行传播，普度于民，使净土法门和印光的佛教思想得以广泛传播。1972 年中日恢复邦交之后，田中角荣赠送中国一批珍贵的落叶松，周恩来总理指示在终南山印祖当年出家的地方栽植了 80 棵。

民国高僧门对印光也是非常的认可，虚云法师说他："脚踏实地的真修，实足追踪古德，他体解《大势至菩萨念佛圆通章》的深理，依之起修，得念佛三昧，依之宏扬净土，利益众生，数十年如一日，不辞劳瘁。"太虚法师评价他："亲其教览其文者，辄感激威德力之强，默估折服，易估崇仰，为莲宗十三祖，洵获其当也，实为近代佛子僧人典范。"圆瑛法师赞曰："乘愿再来势至身，圆通念佛训群伦。风光本地无他术，声教当年自有真。"

1941 年，印光的弟子及上海僧俗大众，在上海净业社的觉园，成立了"印光大师永久纪念会"，刊印大师遗著，发行《弘化月刊》，宣扬净土宗念佛法门，并且尊印光为中国净土宗第十三代祖师。

圆瑛法师

圆瑛法师（1878 年 –1953 年），福建古田县人，俗名吴亨春，法名宏悟，别号韬光，又被人称为一吼堂主人。他是中国近代佛教领袖，1929 年与太虚大师共同发起成立中国佛教会，并连续数届当选主席，一生为团结全国佛教徒、促进和平作出了巨大贡献。

圆瑛法师

圆瑛法师是中国现代高僧、佛教领袖，曾与太虚大师共同发起成立中国佛教会，并连续数届当选主席。1953 年中国佛教协会成立，被推选为第一任会长。他身处乱世，历经坎坷，却始终践行报国济世宏愿，曾领导佛教界人士投身抗战，又被称为英雄僧侣。他主张“国家存亡，匹夫有责；佛教兴衰，教徒有责”。一生为团结全国佛教徒、促进和平做出了巨大贡献。

英年弘法　盛名远播

1878 年圆瑛法师出生于福建古田县平湖乡端上村农家，他自幼聪颖，尽得父母宠爱。然而，在他 6 岁时，父母相继去世，幸得好心的叔父照料，才得以长大。他聪颖过人，诗文过目成诵，被乡人称为“神童”，18 岁时就考中了秀才。

因为早年父母双亡的坎坷，让他觉悟世事无常，人生如梦，便想舍俗出家，然而叔父阻拦，所以未能如愿。19 岁时，生了一场大病，圆瑛法师在心中默默发愿，如若病好就皈投佛门，出家为僧，后来身体恢复，他便到福州鼓山涌泉寺拜增西上人为师，正式出家。法名弘悟，字圆瑛，号韬光，自号一吼主人、三求堂主人、灵源行者离垢子等。

圆瑛法师在出家受戒后不久，就显出过人的智慧。他参方访道，游历名刹，先在鼓山安居，亲近妙莲老和尚，学习律仪，半年后到大雪峰寺，亲近达本老和尚。圆瑛法师在寺里修习苦行，勤于劳动，受到众人的好评，他任饭头、菜头之职有半年之久。21 岁时，他到常州天宁寺亲近冶开老和尚，修习禅定五年，后又随宁波天童寺寄禅老和尚习禅六年，又一一参拜了通谛、谛闲、祖印、慧明、道阶等尊宿。令人称奇的是，圆瑛法师每到一处，听经不过几天，座主法师就允他重讲，圆瑛法师从容演说，辩才无碍，大众非常惊异和赞叹。

圆瑛法师曾在天宁寺带病参禅于禅七中，忽然定境现前，顿觉身心异常清廓，作一首偈云：

狂心歇处幻身融，内外根尘色即空。

洞彻灵明无挂碍，千差万别一时通。

从此以后对于以前不曾明了的经论，一一透彻，但他并没有对已达到的境界而心生自满。

26 岁那年，又到宁波的天童寺跟随寄禅老和尚习禅。28 岁的冬天，在禅七中，又出现定境，比前时更胜。一时身心俱空，湛寂圆明。此后，圆瑛法师的慧业日日有所增进，在 29 岁时，到宁波七塔报恩寺，得到慈运老和尚的器重，并得其衣法，为临济正宗第四十世，法名宏悟。到了 36 岁，读永明、莲池两位大师的著作，深信念佛法门。

圆瑛法师一生中从未忘记弘法讲经，把弘法视作家务。他于 31 岁时开座讲经，几十年来，讲席遍及宁波、上海、杭州、扬州、南京、北京、天津、厦门、潮州、长沙、武汉、台湾、香港，并远及南洋、新加坡、槟榔屿、苏门答腊、日本和朝鲜。

他精研大乘法宝《首楞严经》数十余年，为钻研经中的深奥疑难之处，他把其中不懂之处一一写下来，贴在墙上，逐条静坐参究。明白一条，就扯下一条。经过八年之久，一墙的不明白之处，全都扯了下来。他一生讲这部经有 13 遍，每讲必作充分准备，不断地从此经中开发出新义。

他的大慈悲精神还体现在面对佛教发展不利的言论时，他总是旗帜鲜明地反驳。

有一篇署名陈建雷的文章《我对于佛教的怀疑》，对僧人“不能娶妻”“必须时时穿和尚衣”“不能吃一餐荤食”“必须与世隔离”“不能讲权力”“必须压住名誉心”“不能谋快乐”七个方面表示“很怀疑”。在他看来，娶妻吃肉、求名求利等都是人的天性，佛教不允许出家人进行这样的行为就是“侮视人之天性”；这些天性固然可以设法“减去一些”，但“决不能压住他不发生”等，为此，他呼吁应当像德国路德创基督新教、日本亲鸾改革佛教那样对中国佛教进行改革，提倡中国僧人也可以娶妻、可以偶尔吃荤、可以求名利快乐，并将僧服当作制服、同时也应做入世救世的事业。

陈建雷对佛教的质疑和批评，无一不是指向作为佛教三学之首的戒律。此文刊登之后，佛教界掀起轩然大波，不少高僧大德纷纷撰文反驳，首当其冲者，便是同在宁波宣传佛化运动的圆瑛法师，他在《新佛教》一期的卷首，专门刊载了《释疑》长文来批驳陈建雷的观点。首先，他对“天性”

一说予以佛教的阐释和更正：

> 嗜好色欲、美味、名利、快乐皆是妄想心、妄生染着，并非天性。夫天性者，清净本然，由来离染，种种嗜好贪求，乃违背天性之染心，为天性之障碍。佛教禁制，正所谓尊崇天性，何得反以侮视目之。天性灵明皎洁，喻如净镜，障彼光明。试观世人嗜好之心重，其天性必昏，足为证也。佛制戒律，令人断除妄想，修治心性。譬如磨镜，不但不使灰尘新增，且将旧有之痕垢，悉皆磨治尽净，讵非尊崇天性耶？非独佛教如是，即儒教亦然。颜渊问仁，子曰“克己复礼”，此即制物欲之私，复本然天性。

圆瑛法师以佛教之真义、辅以儒家之教化来阐释本自清净的“天性”——佛性，即从根本上抽离了陈建雷理论质疑的根基。对于陈言的七条怀疑，他引经据典予以一一驳斥。尤其是对于当时日本僧人——包括不少中国僧人吃肉的破戒行为，他也特别强调佛教制定不能荤食的缘由是出于戒杀。圆瑛法师认为，修佛之人不能食荤，是因为佛家认为六道轮回，杀生必结冤业有碍解脱。即便购买现成荤食的行为，在他看来也属于需要偿还的怨债而当禁止。经过深入的剖析和缜密的反驳，圆瑛法师在文章最后大声疾呼道：“汝这一篇文字，就是引僧界入地狱之引魂幡，我见之身毛皆竖，不得不力为剖释。最后苦口奉劝，汝今后当自悔自悟，不可自害害人也。再劝界内外诸君，切勿染其毒，此毒较之瘟疫为尤甚，瘟疫但受一番惨死之苦，此毒一染，其苦伊于胡底，诫之慎之！”

经过多年弘法，圆瑛法师声名远扬，德高望重，皈依到他座下的弟子数十万人，影响非常深远。各地名山大寺，纷纷礼请他做住持。

十坐道场　兼善教育

他先后十坐道场，如福州雪峰崇圣禅寺、宁波七塔报恩禅寺、天童禅寺、福州鼓山涌泉寺、福州瑞峰林阳寺，以及南洋槟榔屿极乐寺等，这些寺庙经圆瑛法师住持修建，规模均焕然一新。

圆瑛法师也是继承和发扬唐朝百丈怀海禅师“一日不作，一日不食”农禅传统的高僧之一。1909 年，圆瑛法师在宁波创建接待寺道场时，亲自操理百多名僧众的衣、食、住、医药等，遇到寺院经济困难时，他发愁得连饭都吃不下。

盛名之下，圆瑛法师从不养尊处优，寺里吃水困难，需要挖井，他就下井淘泥；房子坏了，他就上房修补。有一年春节快到了，寺内过年的东西还没有着落，圆瑛法师赶紧到宁波城里去化缘，终于运回来一大车过年的东西，寺里的僧众都无比感动。还有一次，他为寺里购运柴米，亲自撑船，不料船翻落到水中，圆瑛抓住船帮随船漂了很远，才被人救上来。

他住持天童寺时，曾当众宣誓“十二不”，即：不贪名、不图利、不营私、不舞弊、不苟安、不放逸、不畏强、不欺弱、不居功、不卸责、不徇情、不背理。

圆瑛法师与天童寺有很深的因缘，天童禅寺是他幼年参学、中年住持和最后圆寂的道场。清光绪二十九年至宣统元年（1903–1909），圆瑛法师首住天童禅寺，从禅宗尊宿寄禅和尚（即敬安）修习禅定，他悟解超群，深受寄禅器重，在寺 6 年，曾被邀请担任纠察等僧职。以后住持鄞州西乡接待寺，创办佛教讲习所。

他曾于 1907 年农历七月十五日，在天童寺御书楼与太虚法师结为同盟兄弟。当时圆瑛法师 29 岁，太虚法师只有 16 岁，圆瑛法师亲自撰写结盟文书，为振兴中国的佛教事业共同发愿。

民国十九年至二十五年（1930–1936），圆瑛法师任天童禅寺第 160 代方丈职，在他住持期间，治寺严谨，统理大众，兴修殿宇，整肃清规，树立道风，圆瑛法师在方丈升座就职时宣布“十二不”，即不贪名、不图利、不营私、不舞弊、不苟安、不放逸、不畏强、不欺弱、不居功、不卸责、不徇情、不背理。足见法师德行高尚。一次，有人不慎造成火灾，烧毁了九处五十多间大屋。圆瑛法师作为方丈，先把责任揽到自己身上，并亲自四出募集资金，予以修复。在全寺僧众和十方信士的协助下，天童寺很快修复如初，且更为壮观。

1929 年，圆瑛法师住持福州雪峰寺时，日本著名学者常盘大定博士到山访问，对法师深为佩服。他在《中国佛教史迹踏查记》中说："圆瑛和尚率徒七八人为一团，随从和尚概为青少年，我看他年一定会从此中涌现优秀的人物。和尚很有骨气，一见有豪杰之风，并富有统理大众的才干。"

圆瑛法师除到处讲经说法布施外，尤重社会福利教育建设。清末，他初任宁波佛教会会长时，即创立僧民二校，僧校以教育出家青年，民校教育贫寒子弟。

1918 年又创办宁波佛教孤儿院；1923 年在南洋讲经时，遇到星州的转道、转物两位和尚，三人共同发愿，重兴泉州开元寺，并创设开元慈儿院，以收容孤儿，饮食、衣服、卧具、医药全部免费，学科依照普通学校，以教以养，前后培养人才数以千计；1926 年为筹集慈儿院基金，再次远渡南洋群岛讲经，筹得巨额基金以归，使慈儿院得以维持发展。慈儿院从筹建到中华人民共和国成立之初将近三十年的岁月里，收容和教出的孤儿数以千计，他们中的绝大多数人已成为社会的有用之才。

赤胆忠心　爱国如家

圆瑛法师的优良品质还在于当国家民族处于危难之时，绝不为了自身的清净袖手旁观，而是出于家国情怀，积极救助，且在国难当头之时，通过对佛法的阐释来鼓舞士气，将佛陀的勇猛无畏的精神深入到信众的精神中去。

早在1923年，圆瑛法师对当时处于日本帝国主义统治下的台湾民众倍加同情，曾先后两度去台湾弘法和探访骨肉同胞，加深了彼此间的感悟和台湾民众的爱国热情。

1931年“九一八”事变后，日本侵略军侵占东北三省，圆瑛法师义愤填膺，他以中国佛教会会长的身份，通告全国佛教徒，启建护国道场。同时，代表中国佛教会致书日本佛教徒，揭露日本侵略者占领东北三省的暴行，要求日本佛教徒和中国人民一道，本着佛陀的大无畏精神共同制止日本军国主义的侵略行为。他在谴责日本军国主义侵略中国的暴行的同时写下了忧国忧民的对联：“出世犹垂忧国泪，居山恒作感时诗。”

1937年，卢沟桥事变，国难当头，圆瑛法师在沪主持召开中国佛教会理监事紧急会议，号召全国佛教徒参加抗日救亡工作。此时，他毅然亲自担任中国佛教会灾区救护团团长，召集苏、沪佛教青年，组织僧侣救护队积极进行救护工作，又奔走各地，开办难民收容所和佛教医院，收容无辜难民和卫国受伤的战士。

由于当时佛教医院和各收容所经济发生困难，圆瑛法师决心前往南洋筹集经费，支援抗战和救济事业。1937 年 10 月，圆瑛法师到新加坡、吉隆坡、槟榔屿、怡保、马六甲等地，劝导华侨筹组“华侨筹款救国委员会”。他还借讲经的机会，宣扬救国道理，提倡“一元钱救国运动”，激发了广大侨胞的爱国热忱，踊跃捐款，募得巨额款项，汇回祖国，充作佛教医院和收容所的经费。

1939年夏间，圆瑛法师回国视察各收容所及佛教医院后，重赴南洋，继续募款支援救济工作。同年秋回国，日本驻沪宪兵队以抗日分子“罪名”将圆瑛法师逮捕。在日本宪兵严刑审讯面前，圆瑛法师从容陈辩，理直气壮，义正辞严，表现了中国人坚贞不屈的民族气节，经过将近一个月的周旋，始获出狱。此后，圆瑛法师即闭门谢客，专事撰述《楞严经讲义》和其他著作。但他对国家大事未尝一日忘怀，在此期间，他在写给北平中国佛教学院师生的题词中说：“国家兴亡，匹夫有责；佛教兴衰，教徒有责”，旗帜鲜明地号召佛教青年要肩挑“救国、爱教”二副重担。

全国解放前夕，圆瑛法师在中国香港、新加坡等地的不少教友和弟子，纷纷来函来电，并买好飞机票，催促先师飞往南洋，安度余生。先师以“我是中国人，生在中国，死在中国，决不他往”为词，婉言谢之。“出世犹垂忧国泪，居山恒作感时诗”，这副对联是圆瑛大师在新中国成立前战乱连绵、多灾多难的动荡岁月中，忧国忧民的内心自白。

1952 年 10 月，圆瑛大师以 75 岁高龄，出席了在北京召开的亚洲及太平洋区域和平会议。他在欢迎大会上，发表了《佛教徒团结起来，争取和平，保卫和平》的演讲，他说：“我们佛教徒既为佛子，当作佛事。什么是佛事？这伟大的和平运动，真是佛事！和平能够实现，使全世界的人民免受战争的痛苦。所以我们佛教徒每个人都应该做这个和平运动的大佛事！圆瑛希望我们北京的佛教徒和全国的佛教徒，大家紧密地团结起来，为亚洲及太平洋区域和平工作而努力。”

1953 年 3 月，他在《人民日报》发表文章，为中国共产党领导建立的社会主义新中国而欢欣鼓舞，号召大家热爱和平，珍惜和平，文中说：作为一个 76 岁的佛教僧人，几十年来，我曾为我们国家和人民在侵略者压迫下的苦难而悲痛过；三年多来，我又为我们新中国成立后的国家和人民的幸福而欢欣鼓舞。我深深体会到，我们的政府和人民如何在为国内和平建设而努力，为国际和平事业而努力。我们珍视和平，我们热爱和平。这是不难理解的，只有受尽了战争苦难的人，才知道和平之可贵。

1953 年 5 月、6 月间，中国佛教协会成立会议在北京召开，圆瑛法师虽因病请假未能出席会议，仍被推为中国佛教协会第一任会长。这是圆瑛一生最光荣的时刻，充分体现了全国佛教徒对先师的崇敬。

振兴佛教　含笑圆寂

圆瑛法师从宏观处着眼，认为要弘法利生，必先振兴佛教自身。他深感，中国佛教界如不加强团结，完善僧团组织，结集成强有力的组织，对内对外都不能适应时代的需要。所以法师一生致力于佛教的组织工作，希望通过加强佛教组织来振兴佛教，形成和乐清净的僧团，从而弘法利生，让佛法久住。

早在 1907 年寄禅和尚住持宁波僧教育会时，圆瑛法师就极力加以襄赞，多方面加以筹划。1928 年第一次全国佛教代表大会在上海觉园召开，议决成立中国佛教会，开始有了全国佛教徒的统一组织。从这时开始一直到抗战后，圆瑛法师曾担任过七届中国佛教会的主席或理事长。

中华人民共和国成立后，又与赵朴初、虚云、喜饶嘉措、巨赞、陈铭枢等共同发起成立中国佛教协会，并被选为首任会长。圆瑛法师献身于佛教界的团结工作，任劳任怨，负责全国的实际的护教和教务工作，得到了全国佛教徒的崇敬和爱戴，同时也获得了国际佛教界的尊敬。日本人道端良秀在他的《中国佛教史》一书中，对法师在这方面所作的贡献作出中肯而符合实际的评价："圆瑛法师在民国初期着手筹备中国佛教会，经公开选举，由他担任会长，各省曾分设分支机构，直接开始进行各项活动，请求政府改正以提取寺产办学目的的《寺庙管理条例》，终于迫使国民党政府于民国十八年11月改为《监督寺庙条例》，清除了对寺庙的直接迫害。"

圆瑛法师出身宗门，为临济嫡传，在禅修方面有很深的造诣和见地，后于宁波接待寺读永明延寿、莲池袾宏著作后，又归心净土，倡导禅净双修，自力他力并重。

他博览三藏，一生中弘讲的经论主要有：《佛说八大人觉经》《金刚经》《心经》《普门品》《佛说阿弥陀经》《佛说无量寿经》《佛说仁王护国经》《佛说盂兰盆经》《楞严经》《圆觉经》《大乘起信论》等，他不仅在佛教内部没有门户之见，融通教宗、禅净、显密，对世学也有积极、宽容的兼收并蓄精神，正如他所说："凡对各种学说，都要悉心研究。不管科学、儒学、哲学、佛学，研究时必须具一种眼光，把学说的真理，看得明明白白，不可存门户之见。凡有益于身心德业学问知识的，都要采取体会。”圆瑛法师博大的胸怀、深远的眼光和适应时代发展而不断求进的精神，是值得后人们学习的。

他平生著作很多，已刊印的有《仁王般若经》《金刚般若经》《心经》《弥陀经》《弥陀经要解》《普门品》《大乘起信论》《法华经弘传序》《楞严经》等“讲义”及《一吼堂诗集》《一吼堂文集》《讲演录》《住持禅宗语录》等共二十余种，合编为《圆瑛法汇》行世。

1953 年 6 月，全国性佛教组织中国佛教协会成立，圆瑛法师虽因病未参加会议，但众望所归，仍当选为全国佛教协会首任会长，然而他的身体每况愈下。同年 8 月 15 日书呈赵朴初居士：“余一期将尽，力疾还山，身托祖庭，心栖净土。”他决意归老天童禅寺，临行之时，写下遗嘱，交赵朴初居士，留待身后发表。原文如下：

余一期将尽，力疾还山，身托祖庭，心栖净土。兹当长别，愿留数言：

一、社会道德，普遍提高，时节因缘，不可思议。凡我佛子，各宜精进，力行十善，勤修六度，行菩萨道，报众生恩，各宗各派，同宣斯义，出家在家，各尽其分，互助无诤，团结第一。

二、余以衰年，幸逢盛世，去岁晋京，参加和会，得见开国之伟大气象，及各邦人士对吾国衷心爱敬，使余对祖国建设与保卫和平事业增加无限信心，深感毛主席领导英明，旷古未有。愿我国佛教徒，同心同德，积极参加爱国运动，致力和平事业。应思利民护国，饶益有情，乃成佛之基，众善之首。

三、四大幻住，迁化随缘，身后安排，宜从简约。发讣开吊，世俗所为，悉当免除，毋增罪咎。

一九五三年八月十五日　圆瑛

8 月 19 日，圆瑛法师由弟子明暘法师及徒众一行护送至天童，僧众击鼓鸣钟迎接。回到天童以后，圆瑛法师病情日益恶化，于 9 月 19 日（农历八月十二日）在大众念佛声中，这位一生为团结全国佛教徒、促进和平作出了巨大贡献的一代高僧安详含笑而去，世寿 76 岁，僧腊 58。

圆瑛法师圆寂的消息由新华社报道后，全国佛教徒同声哀悼。中国佛教协会委托当时担任副会长职务的赵朴初居士处理治丧事宜，他在上海佛教界举行的追悼大会上说："9 月 19 日这是一个难忘的日子，去年 9 月 19 日，圆瑛法师抱病晋京，为保卫和平事业奔走宣劳，今年的 9 月 19 日，他示寂于天童与我们永别了。虽然他与我们距离十万亿佛土，但是爱护祖国的热忱、保卫和平的真诚，使我们之间的距离微尘也不存在。"

纵观圆瑛法师的一生，身体力行践行佛教弘法慈利生、慈悲济世的宗旨，他把佛教命运与国家前途、民族命运、人民愿望联系在一起，是中国佛教徒深刻践行爱党爱国爱社会主义的楷模。

（参考明旸主编：《圆瑛法师年谱》）

具行法师

具行法师（1876 年 -1924 年），名日辩，云南大理人。虚云老和尚赐法名“具行”，具行一生沉默寡言，大字不识，每天只知道念“阿弥陀佛”和“观世音菩萨”，一心苦修，得证阿罗汉果。

具行禅师

佛有戒律，不准出家人显露神通，但佛法是圆融的，所以佛也制定了几种例外情况，其中就包括证得罗汉果位的圣者临入灭前为了弘扬佛法，可允许展示神通再行离世，让世人知道佛法真实不虚。古往今来许多大德高僧为了让世人对佛法产生信心，都在临命终时展露各种各样的神通离世，本文的具行法师为虚云老和尚的徒弟，他大字不识一个，而且是半路出家，却因念佛证入阿罗汉果位，放火自化，尸身化灰犹屹立不倒，昆明日报记者专题报道并拍照纪念（已失传），云南督军唐继尧及官民等数万人顶礼跪拜。

为生计投奔寺院

晚清时期，整个国家内忧外患，很多人吃不饱饭，阿辩就是其中的一位，他是云南盐源人氏，从小就父母双亡，孤苦无依，族人将他入赘曾氏，从此以曾为姓，寄籍宾川县。成家后，阿辩的日子平平淡淡，生了两个儿子，勉强糊口度日。

清光绪三十三年（1907），20岁的阿辩因为家乡失收闹饥，一家老小饿得瘦骨嶙峋，他看在眼里疼在心上，作为一家之主，他必须得想办法让家人吃上饱饭。几番打听之后，得知虚云老和尚正在鸡足山修建祝圣寺，需要劳力，于是他便匆匆忙忙地去了。不承想，这一去成就了他得道的机缘。

阿辩到达祝圣寺的时候，第一个见到的并不是虚云法师，而是祝圣寺的住持圣空和尚，圣空和尚问他为何见虚云老和尚，阿辩便把前因后果如实汇报，圣空和尚本就是慈悲之人，满是同情地说："你若不嫌我们付出工钱低微，你就在本寺住下做工吧！虚老是最慈悲的，这等小事也不用去见他，他必是会答应的，你就到后面柴房去住吧！"阿辩感激涕零地跪拜，圣空和尚扶他起来，安慰和勉励了几句就离开了。

此后，阿辩自去柴房住下，他十分勤劳，每日天未亮就起来，不用人吩咐，除了做好自己的工作，还积极地帮助寺庙打扫卫生，并自己开耕一块田地，发心种菜，以供寺院食用。他本是穑稼佃户，这些耕种事务做得头头是道，他又主动去出力挑土抬石帮助修庙，从早做到天黑，从不休息，也从不讲话，别人跟他说话，他都听不见。

“聋子！”别人都这样称他，反而不叫他名字了，阿辩也不以为忤，从不争辩。

半年后，突然有一天，阿辩的妻子和他的两个孩子都来到寺庙。他们的土地被地主收回，并被赶了出来，他们无处可投奔，就到这里来了，一大家人挤满了柴房，发愁地谈论着下一步怎么办。

圣空和尚闻报后十分为难地对阿辩说：“这是佛寺，不可以住妇女家眷的！”没想到此时，虚云老和尚刚好来到菜园柴房门口，他对圣空法师说：“他们一家无家可归，又苦又穷，叫他们在寺院后山另搭一座茅棚居住，在本寺做工。”他又向圣空法师解释道：“这是收容难民，情况不同。”

阿辩一家感激不尽，不住叩拜道谢。就这样一家人安顿下来，每日在寺庙里干活，妻子也会种一些菜给寺庙，虽然辛苦但是也算得上是其乐融融。

阿辩特别喜欢听虚老讲法，但是他大字不识一个，虽然每次都仔细聆听，可惜都听不懂，对于讲法的内容，甚是不解。有一天，他腼腆地请教虚云老和尚：“师父，我特别喜欢听您讲法，但是您讲得太深奥，我实在听不懂，能不能教我一种最简单的学佛方法啊。”虚云老和尚告诉他：“别的你先不要管，你就记住专心念阿弥陀佛就好，如若能一心称念阿弥陀佛，将来必定往生西方净土。”阿辩听了非常高兴。从此，他谨记师父的话，无论是搬石担土，还是挑水和泥，从早到晚，一直不停地念佛。

因缘具足　出家为僧

春去秋来，转眼阿辩已经在寺院干了一年了。有一天他突然来到了虚云老和尚的房前，跪下说：“师父，蒙您的恩德，我们一家人得以活命，我愚笨，不认识一个字，您不嫌弃还教念佛，我想出家和您一起修行，恳请师父答应。”虚云老和尚见阿辩这么诚心，答应了他的请求，并给他起法名“具行”。

出家之后，具行法师更加用功念佛，变得比以前更加沉默，干的活也比以前更多。每天，他都是全寺第一个起床、最后一个休息的人，用功精进程度无人可比。他白天种菜、浇水、挑石、担土、清扫，一边劳作，一边念佛号，从未间断过。虚云老和尚看他这样坚持念佛和苦修，便教他打坐，具行法师谨记虚云老和尚的教诲，“只要做到心中无我、无所求，就自然可以觉悟到‘我不是我’”。就这样，具行法师一心勤念阿弥陀佛与观世音菩萨，修行境界远超其他人。宣统元年（1909），具行法师领其妻、子、侄、弟、嫂、岳母等全家八人一同礼虚老剃度受戒，从此，一家人虔诚地皈依佛门，专心修行。

虚云老和尚看到具行法师如此勤修，但是见识少，为了断除他的痴念，便叫他出去参学，可是具行法师一心只想伴随虚云老和尚的身边，然而，师命难违，就这样他下山游历，开始重走当年师父所走过的路，一路参拜佛教圣地。

民国九年（1920），虚云法师重修云栖寺，具行又回到虚云身边，虚云让他去下院胜因寺担任菜头（种菜职事）。他白天一边干活，一边心中念佛，从未间断过，晚上礼佛念《金刚经》《药师经》等诸经，他读一字磕一头，每天早上都是第一个上殿参加课诵，真正做到精勤苦修。

在种菜以及功课之余，他还经常做些缝补或者编制竹器用具等杂务，种的菜有多余的就送给人家结缘，既不蓄多余的身外之物，也不多说话，只是埋头种菜做劳务，虚云老和尚见他踏实肯干，精进密行，很是肯定他，在戒期时请他担任尊证。

苦修证果　自行化灭

民国十三年（1924）三月二十九日，午餐后，具行法师走到胜因寺大殿后面的坪里，拿几把禾秆堆好，他身披袈裟结跏趺坐于其上，点燃柴禾，左手拿引磬，右手敲木鱼，面向西念佛，自行化灭。当时寺里数十个人无人知晓，直到后来墙外有人见寺内有大火光进来检视，急忙赶到殿后一看，只见具行禅师在灰堆里，容貌不变，结跏趺端坐不动，衣物完好无损，手中的木鱼和引磬柄已经看得出烧成灰烬，但奇怪的是虽然成灰却并不散落。

众僧见此情况，连忙报告身在云栖寺的虚云法师。虚云法师因初八菩萨戒不能下山，于是写书信给当时云南财政厅厅长王竹村以及水利局局长张拙仙，委托他们代为料理后事。

张王二人过去一看，惊为异事，赶紧告诉云南督军唐继尧，唐听说后带领全家以及随行官员前来观看，见具行禅师岿然不动。唐继尧走近跟前取下他手中的引磬，刚一取下，具行法师的肉身轰然倒塌，化为一堆灰烬。大众惊叹之余对佛法生不可思议之大信心。唐继尧提议政府为具行禅师举办三天追悼会，昆明附近民众早已闻讯赶来，瞻仰礼拜者数万人，昆明日报为此也做了专题报道。这是虚云老和尚含泪为其圆寂的弟子所写下诗句：

枯肠欲断只呼天，痛惜禅人殒少年。
数载名山参谒遍，归来念佛荷锄边。
助兴梵刹同艰苦，密行功圆上品莲。
燃臂药王真供养，孔悲颜殁尚凄然。
活到于今心更寒，惟师超逸不相干。
人当末劫多缘累，君至临终一火完。
世念难忘蔬菜熟，西归且尚夕阳边。
伤心老泪挥无尽，一磬留音示妙缘。

具行禅师的成就并非偶然，是宿世的福报功德，也是今生憨厚老实的性格成就了他勤劳踏实、认真专一、精进修持的优秀品质，所以他才会迅速证果。

（参考资料：《虚云老和尚自述年谱》，“指月说禅”公众号）